U0004075

catch

catch your eyes ; catch your heart ; catch your mind······

CA294

焦慮女孩的旅行指南
Anxious Girls Do It Better

作者 _ 邦妮・班雅 Bunny Banyai
譯者 _ 劉曉樺
內頁插畫 _ 顧萱 Hazel Ku
責任編輯 _ 林立文
美術設計 _ 簡廷昇

法律顧問 _ 董安丹律師、顧慕堯律師
出版者 _ 大塊文化出版股份有限公司
台北市 105022 南京東路四段 25 號 11 樓
www.locuspublishing.com
電子信箱 _locus@locuspublishing.com
服務專線 _0800-006-689
電話 _（02）8712-3898
傳真 _（02）8712-3897
郵撥帳號 _1895-5675 戶名 _ 大塊文化出版股份有限公司

版權所有 翻印必究

ANXIOUS GIRLS DO IT BETTER
Copyright © 2021 Bunny Banyai
First published in the English language by Hardie Grant Books in 2021
This edition was published by arrangement with Hardie Grant Explore, an imprint of Hardie Grant Publishing PTY.
LTD through THE PAISHA AGENCY
Complex Chinese translation copyright © 2023 by Locus Publishing Company
All rights reserved

總經銷 _ 大和書報圖書股份有限公司
地址 _ 新北市新莊區五工五路 2 號
TEL_（02）89902588 FAX：（02）22901658
初版一刷 _2023 年 6 月
定價 _ 新台幣 380 元

Printed in Taiwan

焦慮女孩的旅行指南/邦妮.班雅(Bunny
Banyai)著 ; 劉曉樺譯. -- 初版. -- 臺北市 : 大塊
文化出版股份有限公司, 2023.06
　　面 ;　公分
譯自 : Anxious girls do it better : a travel
guide for (slightly nervous) girls on the go.
ISBN 978-626-7317-19-8(平裝)

1.CST: 旅遊 2.CST: 女性 3.CST: 世界地理
4.CST: 焦慮

719　　　　　　　　　　　112006347

獻給 Karen Banyai，
她爲了養大我這個焦慮女孩，
花費許多心力。

也獻給 Clementine、Beatrix 和 Peppa，
希望在妳們的人生旅程中，
好時光要比壞時光還要多上許多。

CHAPTER
01

焦慮
是多出來
的行李

想到要旅行或離家，

是不是會讓你感到輕至中度的心悸呢？

你不一定要被正式診斷過有焦慮症或強迫症，

才能從本書中得到什麼收穫。

這本旅行指南是要幫你在展開下段旅程之前

（無論是大旅行或小旅行）能懷抱著信心，

並覺得自己做好了準備。

即便還是無法全然放鬆，

起碼不用在飛行途中或公路旅行時用上成人紙尿褲和馬用鎮定劑。

對於帶著焦慮這件多出來的隱形行李旅遊，

我把自己所知的一切全寫進了書裡。

此外還囊括心理學家與機長捋供的實用建議，

以及幾名傑出女性所提供的趣聞軼事、建議和訪談。

她們每個人累積的飛行常客哩程數可是多到數不清。

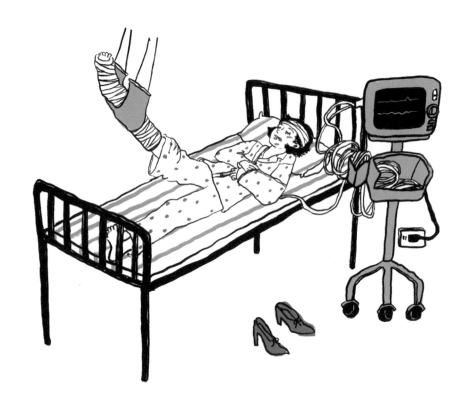

　　天曉得我媽在懷我的時候，是不是碰了什麼生魚片、烈酒、軟質乳酪還是貓大便來犒賞自己。無論是什麼，最後的結果都是生出一個操煩到不行的人類。我完全想不起我人生中有任何時候曾被用「沉著」兩字形容過，或其他比較沒那麼做作、但同樣表示「冷靜」的詞彙。打從出生起，我就不接受親餵，大概是因為我擔心我媽沒有消毒她的乳房。小的時候，我怕黑、怕小丑、怕我自己的臥室、怕後門、怕地下室，怕《神祕博士》[1]，怕葛蕾絲‧瓊斯[2]、怕我爸的一張湯姆‧威茲[3]的唱片封面，還怕這個國家。雖然現在稍微沒那麼誇張了，但我還是像一包塞滿各種恐懼和神經官能症的大福袋，而這代表了出外旅遊將會觸發一些輕微的問題，像是**我百分之百確定自己會死在國外醫院的推床上，而且死前還試圖用 Google 翻譯查要怎麼用馬其頓語說自己對盤尼西林過敏。**

因此，當我意識到寫這本書代表我必須獨自展開幾段旅行，我有部分的反應是開心，有部分卻像是被困在排水管的小貓一樣喵喵喵哀嚎。「很好啊，誰不想去紐約和京都啊！」我大喊，而在此同時，我的出版商正禮貌性地將視線從我身上清楚可見的爆汗痕跡移開。「我超興奮的！」我說，「而且我腦子裡絕對沒有在想**我將會一個人在國外的旅館房間內，因為空調壞掉、瓦斯外洩最後窒息而死！**」

　　儘管我絲質襯衫的腋窩處已經慘不忍睹，還觸發了五十碼內所有的心臟節律器，但我知道，我不能讓自己的神經質剝奪這次的旅行機會，而且我也實在沒臉告訴別人，我因為焦慮到無法出門旅行，所以推掉了寫下關於焦慮的旅行書的機會。接下來呢──不用我說──就是新冠肺炎的出現，它手裡拿著鐮刀，身上的黑袍飄啊飄，旅行的自由忽然變成過去的一種遺跡，一種疫情時代前的奇珍異獸。

寫這本書的時候，全球正開始施打疫苗，而施打的速度呢，從快得驚人到慢到像冰河移動那樣讓人抓狂都有，同時間大家還得祈禱不會有能抵抗疫苗的新變種出現。因此，當我們再次小心翼翼地朝著外頭更寬廣的世界伸出觸手，有許多人的焦慮指數會比疫情前高上許多。

　　畢竟，在二○二○年大部分的時間，以及起碼二○二一年的頭幾個月，我們許多人能踏出前門就已經很了不起，更不用考慮坐飛機旅行。由於第二波疫情，我居住的城市硬封城（hard lockdown）了幾個月，晚上八點後禁止外出，而且外出的範圍僅限於半徑五公里以內，導致我現在光是去當地的超市，感覺都像去爬了一趟聖母峰。所以說，要和四百名陌生人在密閉空間內共享十七小時的空氣，毫無疑問是一大躍進沒錯。

　　陰魂不散的疫情，加上這本書裡提到的一些故事，或許會讓你覺得旅遊是個爛主意。不過，旅行的一個重點就在於，即便它變成一場災難，還是完全值回票價。每一次旅行都會讓你學到珍貴的經驗，像是千萬不要碰飛機餐裡的辣醬、在阿布達比機場的吸菸室抽菸，等同將你自己的肺扔進火堆、腳如果受到感染不能

不理它，還有，很遺憾，實穿的鞋絕對是旅行必備品，這點沒得商量。

更重要的是，旅行能拓展你對人性的想法，讓你看見無限多的生活方式。這世界無論發生多少可怕的事，依舊充滿各種震懾人心以及會讓你驚喜落淚的美好事物。

世上最棒的一件事，就是在假期第一天踏出旅館或公寓大門，知道有一整座城市等待你去發掘，知道你將在一個星期內找到新的愛店、餐館、賣油炸鷹嘴豆餅的小店、公園和街道。在接下來的一週內，你將在這個暫居的家園中，發展出一套只屬於這裡的日常作息。還有，就像許多人這幾年來因為無法或不敢出國旅行所意識到，原來在我們自己的國家也有許多美好的地方等你去發現。

我第一次去雪梨，發現那裡原來有那麼多海洋泳池，簡直晴天霹靂。所謂海洋泳池（Ocean Pools）就是直接依岩壁開鑿的巨大美麗游泳池，這些泳池不僅由當地議會來維護，而且全都是免費的。我住的地方離雪梨只需坐一小時的飛機，但我大半輩子都不知道原來這裡最大的名勝不是雪梨港（不要誤會，那裡當然還是很厲害），而是三十五座海洋泳池——這絕對是一座城市能送給它市民最美好的禮物，而且還不求任何回饋。這可不是你躺在床上看看Netflix就能知道的事，無論那節目製作得有多精良。

我第一次坐飛機是在一歲，而且一路從墨爾本吐到昆士蘭。從那之後，我在去維

也納、布達佩斯、新加坡的飛機上全都吐過，還在巴勒摩[4]、奧提伽島[5]、瑞士阿爾卑斯山區、斐濟、法蘭克福、里昂的旅館也吐得一塌胡塗。我恨死嘔吐，恨得直到二〇一八年，這股「厭恨」變成了「恐懼」，我還被診斷出有嘔吐恐懼症。又是一個可以加進我落落長的醫療紀錄裡的趣事。但當我想起我去過的地方，腦中並不會自動浮現那些我曾經把頭埋進去的各國馬桶，想到的都是美好的回憶。

如果像我這樣一個剛進入夏天就在害怕冬天、好事發生前只看得見壞事的人，對

自己去過的地方還能只記得粉紅泡泡（除了盧頓[6]機場外），那你應該能夠相信旅行確實能帶來正面效益。旅行絕對不會讓你後悔，除非其中牽扯到毒品走私或是整鼻失敗。唯一該讓擔憂壓過旅行慾望的瞬間，是政府明確建議你該這麼做的時候。

　　想到要用畢生積蓄交換六個禮拜待在一個不知名的地方，你或許會有一點緊張，也或許疫情動搖了你的信心，但這並不代表你患有焦慮症，這只是人類在經歷創傷事件後會有的正常反應。況且，一想到要去一個新地方旅行，與你作伴的只有一只拉桿旅行袋，確實是有可能面對著旅館小冰箱引發焦慮。

　　但你還是該去旅行。讀讀這本書，然後就去收拾行李吧。

1　英國長壽影集 Dr. Who，又譯作《超時空奇俠》或《超時空博士》。
2　Grace Jones，牙買加出生的美國名模、歌手和演員。
3　Tom Waits，美國音樂人和演員。
4　Palermo，義大利西西里島首府。
5　Ortigia，義大利西西里島東南部的一座小島。
6　Luton，英國英格蘭東部的一個城鎮。

CHAPTER
02

好心的朋友和家人會不厭其煩地告訴你

焦慮沒什麼好丟臉的，

但我們對於親朋好友給予的讚美或安慰

經常抱持著懷疑的態度。

比方說，除了我媽，

這世上從來沒有人說過我長得像凱特·溫絲蕾，

所以呢，我從小到大對她所說的一切都有那麼點不確定。

但是呢，假如是愛黛兒告訴你焦慮沒什麼好丟臉，

你或許就比較聽得進去。

要同時身兼 VAP（Very Anxious Person，非常焦慮的人）

和 VIP（Very Important Person，非常重要的人）

並賣出十億兩千萬張唱片，是有可能的。

　焦慮症並不會讓你當不上流行巨星或史上最有名脫口秀主持人，或把你排除在任何事之外，而這也包含遊歷世界。歐普拉、克莉絲・泰根[1]、亞曼達・賽佛瑞、莉茲・坎貝奇[2]、艾瑪・史東、卡蒂 B[3]、蜜西・艾莉特[4]、珍妮佛・羅倫斯和莎拉・席佛曼[5]都非常成功，她們在躋身頂尖人士的同時也為焦慮症所苦。名氣就像皰疹，都是十分強大的平衡機制。

　這並不是說焦慮的女孩或任何一人都能賣出十億兩千萬張唱片，或在好萊塢強片中爭取到主要角色，因為並不是我們所有人的事業都能平步青雲、越爬越高。社群媒體上充斥著許多引人誤解的觀點，其中一個就是透過濾鏡、美麗背景和公然屁話，暗示每一個人都過著有錢到流油又多采多姿、與眾不同的生活。但現實是，大部分人大部分時間都是在應付同樣的生活問題：人際關係、工作、帳單、住處、健康。沒有人會在 IG 上張貼去附近郵局付電費帳單、更新牌照，或是擦掉馬桶座位上經血的照片。但這些事——大部分啦——才是真實生活。

　理想來說，當你沒有在賺錢求溫飽，應該把這些時間拿去做些會讓人覺得生而為人——而非穿山甲——其實很好玩的事。像是看電影、看樂團演出、看劇場表演，還有旅行。這些都是作為人類一員天生就擁有的獨特餽贈。

我很嫉妒貓，因為牠們一天可以睡上十八個小時，而且經常是睡在水循環地暖設備上。我也嫉妒鳥，因為牠們會飛。我還嫉妒無尾熊，因為牠們可以整天坐在樹上，還不用靠領福利津貼就能維持這習慣。牠們靠著這種可愛的懶惰天性備受喜愛，真的很不公平。但是重點在於，這些動物能做的也只有這些。貓可以睡上一整天，但除此之外幾乎什麼事都不做。鳥會飛，但不是飛去看雙年展、參加婚禮，或去看牠們喜歡的音樂會。無尾熊成天除了吃一大堆尤加利樹葉，還真的什麼都不做。我們人類可以做許許多多其他物種無法做的事，而這是我所能想到不讓焦慮主導生活最強大的理由。你不會想錯過那些形形色色的人類樂事。正視自己的焦慮，找人談談，和醫療專家一起擬定一個焦慮管理方案。

焦慮的好處

　　焦慮不像它的表親：憂鬱症和躁鬱症。焦慮從來不曾在電視電影裡被包裝成性感的形象。在許多電影裡，都會描述瘋狂的美女在失控同時（通常還有一個被迷得神魂顛倒的追求者在旁束手無策），還對火熱的性愛保有極大胃口。但是不太有電影去將焦慮症描述成一種吸引人的特質。擔心扶手上的細菌、再三檢查爐子有沒有關好，還真是一點都不撩人。當然了，憂鬱症實際上也一點都不性感，但根據螢幕上的描繪，會讓人相信焦慮症真的是一種很不酷的病症。如果《巴黎野玫瑰》[6]裡的女主角貝蒂只是極度畏懼搭飛機旅行和流感季節，這部電影就絕對不可能成功。

　　但我要說，想要安全至上，還有你知道的——好好活著——並不是那麼滅火的一件事。你該問的不是「焦慮症對我做了什麼？」而是「焦慮症可以為我做什麼？」對生活中的危險保持適度警戒，或多或少能幫忙避免可預防的疾病與死亡。我常對自己潛藏的高度焦慮心存感激，雖然它有時很折磨人，卻也常讓我避開傷害。

　　六歲時，有次芭蕾舞課下課，我和媽媽、弟弟一起去麥當勞吃漢堡，結果發現廚房裡竄出火和濃煙，餐廳裡所有客人都看得到。就在我意識到廚房起火的同時，發現一件很奇怪的事：沒有其他人有任何反應——一個都沒有。這實在太難以置信了。所

以，我發出一聲驚天動地的尖叫，立刻採取行動，完全不像被車頭燈照到的鹿，會有一段傻在當場、拒絕現實的階段。我無時無刻都在提防最糟狀況，所以當我看見，立刻就能意識到。其他用餐的顧客終於動了起來，在消防隊趕來前不久才開始撤離。我並不是要說那天的我救了任何人的命——雖然我很想那麼說啦。我要說的是，我的焦慮和大驚小怪起碼確保我們及早撤離那個地方。

（另一方面，我約會過個性最放鬆的男生後來在喜馬拉雅山一場雪崩中喪命，而這種命運並不太容易發生在焦慮人身上。我們很清楚登山常和「遺憾的結局」相關連，所以會採取明智的步驟來避免它發生。）

另一個優點在於——請繼續聽我說下去：焦慮人比較有意思。我們比較機警，對外界也比較留意，因此自然會成為一名敏銳的生活觀察家。高中裡的人氣王或許表面看上去就是很淡定、很從容，但那群人百分之九十的時間能那麼放鬆自在，是因為他們很無趣。在青少年時期，沒有人會告訴你這個天大的祕密。人氣王不會焦慮，是因為他們沒什麼在用腦。我以前最想要的，就是像那些在操場漫步的女生一樣，懶洋洋地撥著背後那頭美麗的亞麻色秀髮（起碼在九〇年代中期，那些酷姊酷妹好像都有一頭極其濃密的金髮，彷彿那頭亮麗的髮絲提供了某種具保護性的維他命 B 群，能將詭譎多變的高中政治隔絕在外）。

現在，有鑑於後見之明，我非常高興自己以前不受歡迎。我在高中時想當的那種女生，後來大多和高中時期交往的校隊男友結婚、聚會則去些店名取成牛肉與大堡礁（澳洲版海陸雙拼）之類的地方，還有住在郊區。這些都很好，但會讓我覺得少了什麼。神經質的人就是比較有意思。他們會創作音樂、藝術、電影，還有所有你愛的 Netflix 節目。

如果還需要更多證據：二〇一五年，由基因解碼（deCODE genetics）染色體分析公司所做的研究顯示，與一般大眾相比，冰島的視覺藝術家、作家、演員、舞者和音樂家有超過百分之十七的可能性在基因裡帶有與心理問題相關的遺傳變異，而作者群在檢視荷蘭和瑞典早先做過的另一組研究資料後，發現這數據更可高達百分之二十五。該研究的作者卡利・史蒂文森醫生（Dr. Kári Stefánsson）表示：「這項研究結果並不讓人意外，因為要具備創造力，你的思維必須和常人不同。」所以，為你的焦慮自豪吧。你有個好夥伴，而且很有可能成為下一個芙烈達・卡蘿喔[7]。

相信你的直覺

如果你的個性就是容易操心，一般常識往往派不上用場。自從我大到能自己把

奶嘴塞回嘴巴，別人就告訴我要跟隨自己的第六感、聽從直覺。但如果每次我感到腸子裡的焦慮在蠕動就聽從直覺，我會將很多認真的消化工作（我很愛吃豆子）誤認成體內發出的警訊[8]，要求我這輩子最好都拉上窗簾、閉門不出。當詩人瑪麗·奧利佛（Mary Oliver）問「你打算要拿這瘋狂又寶貴的生命做什麼」時，我不認為她心中的答案會是「把大多時間拿來坐在沙發上看奧運花式溜冰集錦」。

　　換言之，如果你容易焦慮，那你一定知道不是每次都能信賴自己的直覺。已經數不清多少次，直覺告訴我我自己或親朋好友目前正處於生死攸關的險境中，然而實際上他們只是困在車陣，聽 podcast 談論王子（Prince）最棒的專輯，《時代的徵兆》（Sign o' the Times）。每一次我知道自己即將出發旅行，約莫晚上十一點到早上六點之間，我就會困在各種色彩繽紛的惡夢中，在夢裡，我不是空難事件就是恐怖攻擊的死傷者。顯然我的焦慮夢並非預言；如果是，它們應該要是還沒繳的瓦斯帳單、討債公司，還有貴得離譜的整牙療程，而非墜機和轟炸。

我不是表示絕對不能聽從自己的直覺，只是在每一次，你都應該先退一步，拿出鑑識顯微鏡檢視這份恐懼究竟是根基於事實還是焦慮。方法包括先找個信任的朋友談一談，或是找些可靠的網路來源（「可靠」二字非常重要）查資料，或是回想一些過去曾直覺失控的例子，還有那些情況最後實際的結果是什麼。只要想一想自己平安度過哪些航班——每一次都是，無一例外——我會比較容易理性看待自己的恐懼，了解那種大限將至的預感只是焦慮造成，而非根基於任何事實。

　　但有些時候你無法打給朋友、沒辦法上網查資料，或回憶自己過去的經驗。比方說，當你覺得自己被跟蹤，或覺得身邊的人不太對勁，這些時候你就絕對必須聽從自己的直覺。你需要腦袋中那個小小的聲音告訴你不要走暗巷，或是喝太多伏特加時不要朝懸崖邊緣走。當你置身一個不熟悉的環境，周遭所有景物都是陌生的，你的方向感不太敏銳，而且起碼在某種程度上，你是比較放縱且不受控

的，就像匹幼馬，只是多了本護照。

　　旅行時，察覺危險的能力就算不是必備，也非常有用。你必須要有能力分辨：在凌晨三點坐上一輛駕駛自稱薩滿、手上還揮舞一根「會說話的羽毛」的本田 Civic 是個爛主意。不幸的是，當這件事發生在我身上，我並沒有讓焦慮阻止我上那輛車，而接下來的三十分鐘，當那個薩滿以兩百英哩的時速在英國 M4 公路上蛇行，我只能試著接受自己快要沒命的事實。最後我告訴他我心臟有毛病，需要他放慢車速。這當然不是真的，但如果我再在那輛會讓性靈死亡的轎車裡待久一點，就會成真了。

　　擁有高度潛在焦慮是個能讓你避開遊客陷阱的好工具，而且還不用錢。只有在直覺妨礙你出門過日子時，才需要認真想想它們有哪裡不對。

1　Chrissy Teigen，美國知名模特兒。
2　Liz Cambage，澳洲女子籃球員，現為美國職業女子籃球聯賽球員。
3　Cardi B，美國饒舌天后。
4　Missy Elliott，美國嘻哈教母。
5　Sarah Silverman，美國單口喜劇演員。
6　Betty Blue，法國新浪潮時期的經典電影，於一九八六年上映，劇中女主角的個性瘋狂、極端，有許多驚世駭俗的行徑。
7　Frida Kahlo，墨西哥知名畫家，以自畫像著名。
8　直覺的英文說法之一是 gut，而 gut 也有腸胃、內臟的意思。

凱西・唐納文 (Casey Donovan)
Q&A

創作歌手、演員、RUOK? 心理健康促進日大使

年僅十六歲，凱西・唐納文便贏得了《澳洲偶像》(*Australian Idol*) 的冠軍頭銜，在此之後，她的事業便一飛沖天，既是得獎歌手，也是螢幕與劇場演員、作家和節目主持人。她大方公開自己與焦慮症和憂鬱症奮戰的經驗，近幾年來還擔任 RUOK？心理健康促進日的名人大使。

請問妳是在幾歲時發現自己有焦慮的問題？

我想，我從小就開始就受焦慮所苦，但一直到了二十五、六歲才明白那是什麼。我那時正準備要做雷射手術，緊張得不得了，只是那時不知道是因為焦慮症。我滿身冷汗、心跳加速，覺得腸胃翻騰，非常不安。

焦慮症對妳的日常生活有什麼影響？
妳知道引發妳的焦慮症的原因嗎？

　　焦慮症有時會讓我在日常生活中事情做到一半突然動彈不得。如果我正要出門，可能前一分鐘還好好的，下一分鐘就情緒崩潰，大哭到不行。

　　我大概知道有哪些事物會觸發我的焦慮症，也學會與之共處，但這並非一蹴可幾。會觸發我的事件包括聽到別人談論死亡、登機（我仍在和這一點奮戰），或聽到有人心臟病發……對我來說，死亡是一個很大的觸發因子。還有，如果我沒睡飽，也可能引起焦慮症發作。

妳的警訊有哪些？

　　焦慮顯現的方式成千上萬。我們或許知道什麼會害自己發作，但要確實認知到自己的情況正在惡化，其實更為困難。我最大的警訊是會開始不停檢查門鎖好了沒、爐子關了沒。在這種時候，我就知道我必須更加注意自己的生活狀況，專注呼吸，並確

保自己優先處理好睡眠、運動，以及找朋友聚一聚──不過說的總是比做的簡單。

　　有時候，會讓我注意到自己快不行，是我會開始變得內向，不想離開家裡。如果我沒把自己照顧好，緊張的狀況就會變得嚴重很多。失眠、不安、情緒波動、只想自己一個人。假使發生這些情況，我就知道自己必須停下來，問問自己怎麼了。

顯然妳對旅行並不陌生。
妳在飛機上都怎樣讓自己保持平靜？

　　我不是很喜歡坐飛機，但為了工作，必須時常飛來飛去。有時候，我就只是跳上飛機，然後一切就很適應，一點也不痛苦。但大多時候，我都覺得壓力很大、無法放鬆。會讓我焦慮的是「過程」，而非降落後要做什麼。我不是善於規劃的人。

　　我聽了很多關於飛航和緊張型旅客的 podcast，但我那些荒謬的念頭還是會戰勝理智，讓我只能坐在座位上倒數。如果你想知道飛去哪裡需要多久時間，我統統可以告訴你。在我要長途飛行之前，我會先查飛行時間有多長，開始替自己做準備。我知道這樣並不理性，而且死在空中的機率其實很小。可是當我在飛機上，一切都會被我

拋到機窗外。

在飛機上時，我會試著在 iPad 上玩拼圖或看書看到睡著。有時會聽幫助冥想的東西，試著讓自己入睡。

抵達目的地後，
妳會做些什麼來讓自己感覺定下心來、心情放鬆？

通常只要能平安落地，我就很高興了！所以我的焦慮通常就會變得安分，而且那時我通常已被壓力搞得精疲力盡，腦中只想著趕快去下榻處休息。

妳覺得能克服焦慮情緒、出發旅行最大的好處是什麼？

最大的好處是向自己證明我有辦法上飛機、出門旅行，還有能抵抗焦慮的感覺——甚至和它共處，並且明白我比自己意識到的還要堅強，一切都會平安無事。

焦慮管理

CHAPTER
03

焦慮是隻觸手多多的章魚，

它涵蓋了社交恐懼症、細菌恐懼症、強迫症、恐慌症、廣泛性焦慮症，

還有創傷後壓力症候群（詳見 42 頁）。

你或許是被診斷出患有廣泛性焦慮症，

但在焦慮程度特別嚴重時，

一樣會受到強迫症或恐慌症的症狀所苦。

你也可能沒被正式診斷患有「任何」病症，

但依舊出現嚴重的症狀：

澳洲研究指出，患有焦慮症的人，

只有不到一半會尋求診斷和治療。

你可能需要好幾年的時間才有辦法下定決心，

尋求醫療協助。

這一章節將協助說明如何管理你的焦慮，

找出對自己有用的方法，

以及與心理學家瑪姬・穆瑟的問答討論（詳見 44 頁）。

莉娜・丹恩[1]說的再好不過。她說：「我們應該從小就讓孩子知道，表達『我很焦慮』和『我撞到膝蓋了』一樣，都是可被接受的。」越早得到幫助當然是越好，但如果拖太久，也不用覺得丟臉。實際上，我們很多人都是和焦慮一起綁手綁腳地生活，直到它嚴重到難以忽視，就像心裡長了顆像葡萄柚一樣大的腫瘤。

　　雖然我小時候第一個有記憶的意識是「害怕」，但一直要到長大許久，我才承認自己有焦慮的毛病。相反地，我將神經質轉化成個性和專業身分的一部分（如果你是作家，這點不是問題，但如果你做的是一份真正的工作，就沒那麼容易）。當然了，把自己的缺陷和怪癖當成個性特色並沒有錯。不過，表達、面對那些會對自己造成實質痛苦的事，也是明智之舉。畢竟，到了某種程度，你會希望自己的生活不只是一場無止境的苦悶。我一直等到我的生活簡直變得像是拉斯馮提爾的電影，才終於開始定期治療，並且嘗試所有對我來說並不自然的事：像是深呼吸、善待自己，還有在合理的時間上床睡覺。

　　在討論焦慮管理時，時常會提及「自我關懷」這個概念，而雖然它毫無疑問在維持生理和心理健康上扮演了非常重要的角色，可是你也必須記住，自我關懷並不是每次都能預防或治癒焦慮。如果我們對自我關懷投注以高度期待，寄望它能減輕我們的焦慮，那麼一旦無效，它將帶來失敗與失望的感受。當然了，散步、泡澡、找時間休

息都是很有用的放鬆方法，但當你面對的是嚴重的焦慮症，這些方法可能都不足以平穩你的情緒，而且它會讓簡單的樂趣變得不再有趣。你可以泡澡，躺在地上看雲、散步，而不用覺得自己必須將這些事情當成降低焦慮程度的一種練習。

　　我天生就愛無所事事，而且非常注重舒適度，從來不用任何鼓勵就會自動進行自我關懷。想要我去泡澡或睡午覺？說一次就夠了。我會做是因為我喜歡，然而它們對我的強迫症、細菌恐懼症和焦慮症並沒有任何實質的幫助。實際上，當我自我關懷過頭（而且這還滿常發生），我會變得懶洋洋、無精打采，開始覺得自己很糟。而這種感覺又讓我焦慮起來。所以對我而言，工作往往是治療我焦慮的良方，而非起因，可是對其他人來說或許恰恰相反。

　　找出自己喜歡做的事，而且必須要是想做才做，而非因為覺得自己必須替每個自我關懷的小格子打勾。比方說：瑜珈。我常覺得自己好像應該去做瑜珈，因為它被吹捧成能夠

治療——好吧，治療一切的良方。可是我已嘗試過超多次，不喜歡就是不喜歡，也不想做更多努力逼自己愛上它。我有朋友覺得瑜珈讚到不行，但就是不適合我。另一方面，溜冰和自我催眠的影片對我的焦慮管理有非常大的幫助，除此之外，自己一個人伴著很大聲的音樂跳舞，還有吃大把大把的健康食物也很有用（千萬不要低估堅果吃不夠會讓你做出什麼事）。

還有一個很常見的建議，就是要我們在行事曆上定期空出時間來進行「自我關懷」。不過這是假設我們所有人的生活型態都允許自己能定期抽出時間休息，但是你可能還沒走到那個人生階段——可以花大把時間做自己想做的事。記住，療程和藥物通常被認為是治療焦慮症最有效的組合，同時也是自我關懷的一環。最好的做法是找醫生專家談談，請他們幫忙找出最能對症下藥的方法。

旅行時，焦慮的情況會變得更嚴重嗎？

一想到要把焦慮打包裝箱，帶著它們一起出門度假，簡直像是引狼入室，讓自己的焦慮程度高到破表。可是其實大多時候，任何一種症狀加重的情況都只是暫時。大

部分的焦慮出自於心理上的預期——沒錯！出發前你可能會覺得更加焦慮，但這是正常的。每一個人——即便是沒有焦慮症的人，在啟程前都會感到焦慮。旅行時，我們會失去很多掌控權，必須接受事情有時就是會出錯。我們必須敞開心胸，接納所有的不可預測性（除非是搭郵輪，但就本書的目的而言，我們先暫且不論這點。）

在出發前幾天或幾週，想想你最擔心的是什麼，找出會觸發你焦慮的原因。最讓你焦慮的可能是要搭火車或飛機，又或者是想到自己將置身在一個不會說當地語言的國家；也可能，這是你第一次獨自旅行，或者你得在啟程前先想辦法把工作完成，或找人來幫忙餵貓和收信。明確找出自己擔心的點，能幫助你準備得更加完善，面對旅程中最讓你害怕的部分。

如果擔心的是不會說當地語言，就問問自己你有認識多少人是因為不會說當地語言而死（我可以保證絕對一個也沒有）。如果擔心的是坐飛機，就準備好一份可以在飛機上聽的冥想清單，並找出你喜歡的呼吸技巧，讓自己平靜下來。帶著眼罩、你喜歡的點心、幾本你一直想看的書或雜誌，任何你確定能讓自己無腦放鬆和轉移注意力的東西。

有時候，你可能會因為即將展開的旅程覺得自己焦慮到快崩潰，很想乾脆取消算

了──我太了解這種心情了！所以我可以帶著些許的信心告訴你：拋開這念頭。你會恐懼是因為焦慮作祟，而非直覺、宿命，或守護靈在警告你。如果因為害怕就敬而遠之，反而有可能會在無意間增強你的焦慮。對於那些被我推掉的旅行機會，我非常後悔；而那些成行的，完全不會。

強迫症（OCD）

很多人都會說自己「有點強迫症」，但是喜歡用特定方法疊碗盤和真正患有強迫症是非常不同的。強迫症患者腦中會反覆浮現各種引發焦慮的想法，並會試著用重複的行為和儀式減輕這種感覺。舉例來說，對細菌的恐懼會導致一個人過度清潔自己的手、不停數東西。囤積事物、檢查門有沒有鎖好、爐火有沒有關上。儘管他們理智上很清楚這些儀式和行為無效，但要強迫症患者打破這個循環非常困難。

廣泛性焦慮症（GAD）

　　每個人在生活中都難免有緊張到冒汗的經驗，但是患有廣泛性焦慮症的人幾乎是時時刻刻都感到焦慮，而這一點對生活品質可能會造成嚴重的影響。不像恐懼症和強迫症，這兩種病症是以特定恐懼為軸心，可是廣泛性焦慮症是對日常生活的一切感到擔憂。從工作、人際關係和家庭，到財務狀況、與住所相關的事宜。廣泛性焦慮症最大的特點，就是無時無刻覺得有事情會出錯，以及各種顯現在生理上的症狀，如頭痛和腸胃不適。廣泛性焦慮症也可能導致憂鬱症和其他焦慮問題，像是社交恐懼症。

恐慌症

　　每個人難免都有極度焦慮的時候，因為──這麼說吧，生活就是令人焦慮。約5%～10%的人會在人生中經歷一次恐慌發作。恐慌症的特點（與偶爾的恐慌發作不同），就是這種恐慌會一再發作，症狀包括胸痛、暈眩、心悸、冒汗、呼吸急促。大家常以為自己是心臟病發作或快死了，並持續恐懼自己將再次發作，認為這些症狀是

某種徵兆，代表自己有什麼健康問題，只是未曾發覺。然而證據顯示情況恰恰相反。恐慌通常會在發作的十分鐘後到達高峰，讓發作的人感到精疲力竭。

社交恐懼症

　　每個人都曾在夜裡清醒地躺在床上，回想自己在派對上說過的蠢話，或擔心自己在工作時是不是說了什麼蠢話。但對於有社交恐懼症的人來說，害怕遭到羞辱、怕尷尬，或被批評的恐懼可是無所不在。

　　會觸發他們焦慮的因素包括在公眾場合吃東西、閒聊，還有表達自己的意見。社交恐懼症也可能伴隨生理症狀，像是爆汗、反胃、腹瀉、心悸、顫抖、臉紅、結巴。有社交恐懼症的人常會避開那些恐懼可能成真的情況，但這麼做反而會對他們的人際關係和生活造成負面影響。

創傷後壓力症候群

　　創傷後壓力症候群（PTSD）有時會在經歷創傷事件後顯現，像是失去親朋好友、遭受攻擊或經歷災難。這症狀首次是在越戰軍人身上觀察到。從那時起，就有許多治療方式可以長足改善創傷症候群患者的生活品質，完全康復的人也不在少數。然而，

有些處於危險之中、暴露在某些特定創傷下的人，會持續受到創傷後壓力症候群所苦，或出現其他與創傷相關的焦慮症狀。常見的症狀包括做惡夢、事件的片段回憶忽然閃現、對危險過度警戒，易怒、無法專注、恐慌、極度恐懼，以及對親友感到疏離。

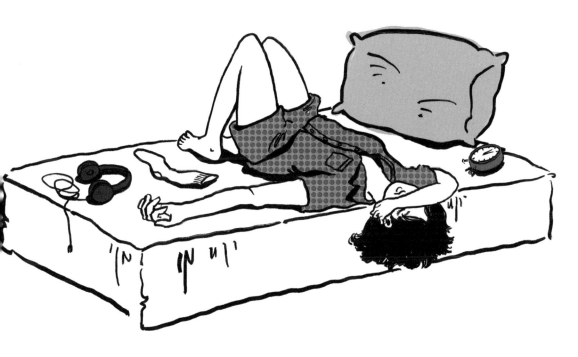

1　Lena Dunham，美籍作家、導演、演員、製片人，最著名的作品為 HBO 電視影集《女孩我最大》。

瑪姬・穆瑟
Q&A

心理學家（心理學學士、臨床心理學碩士）

對於在旅行前感到恐慌指數攀升的人，
有沒有什麼有效的焦慮管理技巧呢？

　　旅行焦慮是相當普遍的，而且像在旅行這種新事件開始之前，感到某種程度的緊張也是正常情況。

　　焦慮基本上是對於未來過度在意，心裡念茲在茲的都是些不會發生的事，所以那些擔憂都僅僅是存在於你的腦袋當中。當這些念頭開始轉變為預期各式各樣的災難發生，而且佔去你所有心力時，你就有麻煩了。為了那些擔憂緊張害怕，就像是對著火焰吹氣，會讓火勢變得更為猛烈，最後發現我們已經身處擔憂的煉獄之中。承認自己正感到焦慮並試著維持現況，能讓你的擔憂不至失控。

　　想要管理旅行焦慮，第一步是要認清自己焦慮的程度，將旅程調整到自己能夠應付的範圍，同時要做好挑戰自己的準備，擬定策略，規劃妥當。拓展邊界以及做些超出自己舒適範圍的事對你是有益的；實際上，這正是克服焦慮的一大要素。

尋求幫助

要治癒焦慮並不困難，而且多數人確實能夠透過治療得到改善。不過最好找有登記在冊的心理醫師或精神科醫師協助。如果你的問題在於費用，許多國家都提供免費的服務。和你的醫師聊聊，上網搜尋當地服務，或致電心理健康求助專線，請他們協助指引你該怎麼做。

關注自己的心境

學著關注自己的心境，留意自己的想法，而且不要去解釋或評斷這些感受和念頭。你可以透過練習，學會看著那些想法遠去，不讓它們影響你的心情。越來越能察覺自己的情緒後，你可以開始在焦慮時改變那些湧現腦中的想法，將它們變得比較正面、包容和實際。平靜下來後，你可以試著將特別焦慮時腦中所有的想法寫下來，或是痛苦時你在想些什麼。這麼做能轉移注意力，而且因為寫字的速度比思考慢，所以能幫助你釐清那些焦慮的想法，並和它們拉開距離。

察覺內心的感受

練習察覺自己的感受。有焦慮症的人容易壓抑自己的感受，而這又將導致焦慮。辨識、表達以及溝通情緒的技巧都是需要經過學習的，而且對於焦慮管理非常重要。

改善生活習慣

你的飲食健康嗎？應該減少咖啡和酒精的攝取量嗎？你的睡眠充足嗎？一步一步慢慢來，先將每天的第三杯咖啡換成低咖啡因，或是提早二十分鐘上床，或散步到你家巷底。想要培養新習慣，關鍵在於每次做出些許微小的改變，長期之後就會看到巨大的變化。培養規律的運動習慣尤其重要。

安排健康檢查

找醫生談一談，排除任何生理上的問題很有幫助。焦慮症可能是由某些生理病症引起的，像是維他命 B12 不足、甲狀腺功能不良，還有糖尿病的血糖值驟降，都會引發焦慮。如果得知自己非常健康，那很好；又或者你會發現哪裡出了點小問題，那就及早處理。和醫生聊聊有哪些可使用的藥物也不錯，這或許會是適合你的選項。

找出自己的觸發因子

　　學習辨識有哪些特定想法、感受或影像會觸發你驚慌的情緒。找個你覺得安全而且平靜的時候坐下來，試著想像那些會讓你驚慌的場景（像是登機時你會聽見什麼、看見什麼，還有其他細節）。但不要驚恐，想像自己內心感到平靜，一切都會平安順利的。

做好準備

　　如果你的擔憂是實際存在的事物——如新冠肺炎，那麼有個有效的管理方法，就是盡可能做好準備。除了一般的旅行規畫，新冠疫情代表你必須隨時掌控目的地及所有途中會經過的地區的最新狀況。

掌握主控權

　　旅途中有很多事是你能夠掌控的，比方說，如果你害怕被困住的感覺，就選靠近出口的走道座位；如果看到外頭的景色能減輕你的幽閉恐懼症，就選個靠窗的座位。多預留點時間給前往機場的路程，這樣你就不用為了紅燈或找車位擔心。給自己足夠

的時間坐下來喝杯咖啡，或平緩心情。出發前好好休息，預先將所有行李打包好，前一天好好放鬆。

學習活在當下

恐慌常會讓人覺得自己和現實分離、脫節。學些能帶你回到當下的技巧也很有幫助，像是安定情緒的技巧和工具，能幫助你感受自己當下的情緒，而非與之抵抗或任其淹沒。

呼吸

學著管理自己的呼吸。有意識地放慢節奏能在生理上產生實際的平靜效用，只要堅持下去，這方法保證能讓你平靜下來。恐慌發作時通常會過度換氣，而對於恐慌的恐懼又會放大這種情緒。有意識地放慢，讓吐氣的時間比吸氣長。吸氣時慢慢數到三，屏住呼吸數到二，吐氣數到五。用肚子吸氣吐氣，專注在每一次腹部的起伏。

放鬆

放鬆肌肉也能平緩恐慌的情緒。先將注意力放在肌肉上，比方說先從雙手開始，將雙手握拳，刻意繃緊肌肉再放鬆，然後逐次轉向全身上下每一個部分，緊繃、放鬆；緊繃、放鬆。漸次放鬆肌肉是最容易學會的方法，網路上也有許多免費指導。

冥想

置身在令人焦慮的環境中時，像是飛機或巴士上，冥想非常能夠平緩心情。現在你能找到很多不同的冥想 app、podcast，以及教學音檔或影片，而且有很多都是免費的。

有備無患

學習各種能即時平緩情緒的技巧。有很多事物都可以幫你度過難關。旅行前不妨盡可能地嘗試，找出哪種方法最適合自己。

CHAPTER
04

這一章將告訴你如何提早做好行前準備。

當你開始思考要帶什麼、查什麼資料、究竟要去哪個地點，

腦袋很容易瞬間爆炸，

然後就兩手一攤放棄，

回去繼續看花式溜冰的精采回顧。

到了出發前的一整個禮拜，

卻每天二十四小時都在崩潰自己準備不足……

至少我是這樣啦。

不過更好的方法是遵照底下的建議，

我發誓，下次旅行前我一定會那麼做。

行前準備

旅行前最好要看和最好不要看的東西

　　為了避免沒出發就讓神經飽受凌虐，你一定要及早在行前先調整自己的行為。

不准自己看下列五類媒體
1. 任何無關嬰兒、鴨子或幸福和樂母系社會的紀錄片
2. 犯罪紀實節目或 podcast
3. 虛構犯罪節目或 podcast
4. 社群媒體
5. 不確定你是不是有認真在讀，所以我再重複一次：社群媒體

　　對於容易焦慮的人來說（社群媒體的本意不就是要讓所有人容易焦慮嗎？）臉書和其衍生出來的宗親就像一片到處都是地雷的美麗向日葵花田。你對自己說「我只是要去那片美麗的花田一下下，摘朵花／在臉書的商店上找個背包，這樣就好！」結果不知不覺間，你就「砰」踩中地雷。例如看到一篇談論飛機維修標準越來越低的文章，或是巴勒摩的謀殺率如何如何。IG 相對來說比較溫和，但它會讓你對假期懷抱各種不切實際的期待，以為整趟旅程都將美好順利、走到哪兒都拍出各種美照，還慫恿你集

中心力替廣大的觀眾拍個不停，而非為了自己好好享受旅途的一切。

　　所以你要限制自己只能看串流服務，這樣一來，你就能密切掌控自己看到的一切。選一些你爸媽——不對，你阿媽會喜歡的節目，像是《黃金女郎》（*Golden Girls*）、《王冠》（*The Crown*）、《唐頓莊園》（*Downton Abbey*）、《英國鄉村尋屋記》（*Escape to the Country*）、《環英骨董行》（*Antiques Roadshow*）。八〇和九〇年代的青少年電影也很適合——考慮看看《紅粉佳人》（*Pretty in Pink*）、《蹺課天才》（*Ferris Bueller's Day Off*），還有《獨領風騷》（*Clueless*）。

　　暫時解除追蹤一些嚴肅新聞網頁，以及對負面言論異常狂熱的朋友。在一般情況下，我們不會建議其他人讓自己保持在刻意無知的狀態，但在你準備要做什麼恐怖事情時——像是出門度假——就完全有這必要。（不過，令人沮喪的是，在新冠疫情年代，你必須小心為上，隨時關注目的地的新聞。旅客必須要確認該地的封城情況、社交限制和對疫苗的要求。）

旅行前，你真的非做不可的理智＋睿智準備

　　有時候，無所不在的旅行焦慮會把我搞到崩潰，讓我完全忽略最基本的安全和防護措施。像是投保旅行保險、把行程告訴幾個信任的朋友、確認自己帶上正確的信用卡或簽帳金融卡。反而把重點放在一些比較無關緊要的旅行事宜（像是什麼該死的化妝包！如果你也有這問題，請參考 64 頁）。

出發前必做的五件事

1. 準備好護照和簽證

　　如果要去海外旅遊，先確認自己已申辦好護照（詳見 60 頁），並了解你打算前往的國家的簽證規定。許多國家都必須有簽證才能入境，給自己充裕的時間申請簽證，因為有些國家需要相當長的時間才能申請到。

2. 把目的地研究到爛

　　不是要你「把行程預約到爆」，而是對你要去的地方越熟悉——像是大眾交通運輸工具怎麼運作？哪裡最適合自己落腳？還有至少學會幾句當地的招呼語——抵達後

就能越快適應。我說的「研究」是指找一些在威尼斯或紐約住得夠久，久到令人羨慕的人寫的導覽書來看。社群媒體也可以是很實用的研究工具，只要你記住：有些旅遊帳號給你看的是消毒過、或套上玫瑰色濾鏡的現實。確認你預約的每一個住宿地點都有大量的認證評價，而且能輕易靠徒步或大眾運輸工具抵達。

3. 健康檢查

　　至少在出發前的六至十二個星期前進行，確認自己已施打旅行所需的最新疫苗或追加劑（詳見 46 頁）。

4. 旅遊保險

　　旅途之中，你可能會需要醫療協助，或面臨因誤點所衍生的費用。如果沒有旅遊保險，你可能會——那句話是怎麼說的？被錢壓到喘不過氣。最慢最慢，在旅行前十五天投保，並詳讀合約上的細則，這樣一來，如果碰到緊急情況，你就知道哪部分可由保險負擔。此外，將旅行保險公司的電話號碼與保單編號和行李分開來放。可以一份放在隨身行李，一份放在託運行李，以防萬一。

　　有句睿智的古老諺語說，如果你買不起旅遊保險，就表示你沒錢出門旅行。

5. 確認行李的重量限制

　　向你即將搭乘的每家航空公司確認行李重量限制。你絕對不想害自己進退維谷，非得在要不要買免稅的龐貝藍鑽特級琴酒和登機之間做決定。

　　（還有，要確定你一個人就能輕鬆拿起行李。把它們從臥室地板拎起來是一回事，可是快要趕不上火車、必須得扛著三十公斤在月臺上衝刺並爬上車廂，又是另外一回事。）

旅行前，把自己健康打理好

　　簡言之，就是和醫生約診，確定自己所需的最新疫苗都已施打完成。

　　上一秒，你還過得悠悠哉哉，開開心心精神抖擻，忙著做很多事；下一秒，你忽然覺得疲憊至極──不只是因為吃了褪黑激素，又在手機上看《每日郵報》的新聞看到凌晨三點，破壞了褪黑激素該有的功效。你去看醫生，做全面的抽血檢驗，結果發

現自己缺鐵，所以約了一次鐵劑注射，等六個星期直到它發揮效用，同時間用鐵蛋白指數不足當藉口，每天中午大啖起司漢堡。小菜一碟，對吧？

可是，如果你是在嘗試走完西班牙朝聖之路時忽然感到疲憊來襲，事情就沒那麼簡單了。所以，至少在出發前六至十二週做一次全面的健康檢查才會那麼重要。不同的國家對疫苗有不同的要求，務必確定自己該打的疫苗都施打完畢。比方說，在我撰文的同時，大部分的國家應該很快就會要求旅客入境時提供施打新冠疫苗的證明。在某些地區，感染像麻疹、腮腺炎、德國麻疹、白喉、破傷風、百日咳、小兒麻痺、流感這類傳染病的風險也比較高。所以記得確認你補打了最新的追加劑。每一年，疫苗都預防了二至三百萬起的死亡。如果你想進一步了解更多相關資訊，請參考各政府的官方網站，像是澳洲聰明旅客網站（smarttraveller.gov.au）、美國疾病管制與預防中心的旅客健康網頁（wwwnc.cdc.gov/travel），以及英國的旅遊健康專家網站（travelhealthpro.org.uk）。

還有一點也非常重要：先準備好所有你會固定使用的藥品處方箋，並請醫生寫字條解釋每種藥物的用途。這是因為許多國家對不同藥物的使用與販售都有不同法律規定，有些藥品在你住的地方可能是開架商品，但在別的國家或許是禁藥。這麼看來，似乎有許多事需要你事先了解。但如果你在出發日前提早和醫生預約，和他們仔細討

論一遍，就能做好萬全的準備，把保持健康所需的一切打理妥當。

出發當日

　　好，我就直說了：出發當日，你的神經必須要強大到能啟動一座核能反應爐。沒錯，你可以做呼吸練習、想像訓練還有冥想，可是你的心跳還是會翻倍。沒關係，記住，旅行最讓人神經緊張的通常是你自己的腦補，而非實際的旅程。機場就像塞滿各種緊張因子的馬蜂窩。除了那些每天搭機通勤是常態、飛機坐到麻木的商業人士外，不可能有人一到機場連一絲絲的焦慮都沒有。就算是因為我朋友週末要去州際旅行，載他們去機場，我還是會感到那種興奮和恐懼夾雜的緊張感。

出發當日請做以下五件事

1. 設好鬧鐘

　　在必須出門的兩小時前起床，讓自己有充分的時間把最後的行李打包好，吃些東西，並把手機和其他電子裝置充好電。

2. 吃東西

可以的話，試著塞根香蕉和幾片吐司。香蕉能提供鎮定所需的鎂，同時也能幫助調節心跳。吐司能幫忙吸收過量的胃酸，並提供好的脂肪與碳水化合物，讓你撐到下一頓飯。

3. 確認自己的班機或火車會準時出發

提前確認你的班機、火車或巴士沒有誤點。這能讓你避免因誤點或班次取消，因此得花上好幾個小時無聊地瞪著死氣沉沉的甜甜圈攤。

4. 等到最後一刻再洗澡

出發前，你可能會花上好一段時間帶著輕微的恐慌到處橫衝直撞，最後檢查一遍東西是不是全都準備妥當，把自己搞得汗流浹背。不過還是沖個澡吧——讓自己乾乾淨淨、煥然一新地展開旅程，心情絕對會好上許多。

5. 留副鑰匙給信任而且住在附近的朋友或鄰居

　　這樣一來，如果有什麼重要物品，像是手機或護照如果仍留在家，你就不用擔心自己不小心被鎖在屋外。這也代表有人可以幫你去家裡看看，確定沒有流浪蛇或流浪鼠跑來當臨時房客。

減輕護照焦慮的小祕方

　　啊，護照。如果你是要出國旅行，那麼它就是你最重要，而且完全沒得商量、非帶不可的旅行配件。護照的重要性之大，甚至我覺得尺寸似乎應該再大上超級、超級多，最好像衝浪板一樣大，才比較不容易弄丟。從來沒有任何衝浪客會不小心把衝浪板忘在機場貴賓室的椅子底下（嗯哼，雖說這點未經證實）。

　　然而，由於沒有和衝浪板一樣的大的護照，

所以請確認你的包包或背包裡有個內袋，可以專門拿來放護照用的，而且除了要有拉鍊能拉起來，還要一隻手就能輕易拿取。沒有拉鍊，你的護照百分之百會掉進包包的百慕達三角洲。把護照的個人資料頁拍起來存在手機裡，行李中再放一份影印本，另外再多印一份交給家裡可信賴的人，也是個睿智的好主意。以免你行李被偷（老天保佑不要）。你的護照效期要至少還有六個月才能入境其他國家，不過有些航空公司會要求護照效期要在你歸國的六個月前都仍有效。

同為緊張型旅客的記者兼旅遊作家萊莉莎・杜貝奇（Larissa Dubecki）有個有用的方法，能將她「該死的我的護照跑哪去？」恐懼症控制在可接受的範圍。她說：「我以前每分鐘都要檢查一遍護照是不是還在包包裡，沒有神奇地消失不見。現在，我規定自己每趟班機可以緊急檢查十次，所以我必須理性分配我檢查的次數，不要在去機場的計程車上一次用光。」

CHAPTER
05

絕對沒有人會站在艾菲爾鐵塔底下說：

「感謝老天我帶了那些卸妝棉球！」

意即：拜託你不要帶卸妝棉球，

或任何你平常沒在用的東西。

想進一步了解你為什麼永遠用不到卸妝棉球，

請參考 69 頁。

化妝包

　　直到最近這段時間，最能總結我旅遊哲學的一句話是：「只要帶上夠多名稱裡有『抗』的藥品，一切必能平安大吉」。抗生素、抗組織胺、抗吐劑、抗焦慮藥、抗瀉藥錠。我的化妝包簡直就像麥克‧傑克遜的麻醉師和茱蒂‧嘉蘭的藥劑師幫我做的打包。

　　除了那堆抗各種毛病的藥品，我還會帶中藥、益生菌藥片、益生元藥片、薑錠、爽口糖、維他命粉；然後是各種臉部產品：化妝品、保溼產品、洗面乳、調理面膜、去角質面膜、鎮定面膜、保溼面膜、明亮面膜、修護面膜、抗老面膜，這些東西沒有一樣是我會在家使用的——更別說度假。

　　二〇一七年，我和我的伴侶與孩子踏上一趟原本預計六週的歐洲度假，最後卻變成非自願的新加坡、義大利外加德國醫療體系考察之旅。細節十分無聊，除非你對腸胃病學有特殊興趣（以我的經驗，就連腸胃病學家都不見得有興趣）。你們只需要知道，我們的旅程從在飛機上拉肚子開始，最後又以在飛機上拉肚子結束。我的大女兒在西西里的一家醫院住了四天。當我淒慘慘地瞪著她病房窗外的俗氣小花園，同時試圖將屁股從坐了七十二小時的一大塊黏答答藍色塑料座椅拔開，我終於明白：不是每一場災難都能靠著準備萬全的化妝包來預防和阻止。

我不是要你只穿著身上的衣服、帶上樂觀的天性就出發，你只是不需要訂個貨櫃將行李送到目的地去。

不要打包任何無法救你一命，或起碼讓你死得沒那麼痛苦的盥洗用品。薑錠不能防止波濤洶湧的嘔吐（相信我！）薰衣草精油的鎮定效用也不足以舒緩緊張──像是錯過班機，或和西西里黑手黨為了用過的尿布到底要丟哪個垃圾桶所造成的輕微誤會吵架。順勢療法藥物也無法降下四十度的高燒（除了我之外，有誰到了二〇一七年還不知道這件事？）。

但最重要的是，化妝包塞過頭，會讓你沒空間享受人生的一大樂趣：把國外藥妝店賣的洗髮精和肥皂搬回家。我最愛的旅遊回憶並非第一次看見羅馬競技場，或讚嘆托斯卡尼的黃昏美景，或在巴黎第七區吃還熱的長棍麵包。我最愛的旅行回憶是在柏林，一整天待在 DM 藥妝店，用牙膏、肥皂和防晒乳塞滿我的購物籃。在我騎腳踏車回我們公寓的時候，我心想，這才是旅行真正的意義。飛到地球另一端，買滿一堆你連標籤都看不懂的牙膏。

所以，到底該打包什麼？

　　帶上兩個化妝包永遠不會錯：一個大的放託運，用來裝非必要物品；另一個小化妝包放隨身行李，裡頭裝一些要是航空公司不慎弄丟大化妝包，至少你不會心臟病發的東西。

大化妝包

🐾旅行用洗髮精和潤髮乳。要能用到三天的份量
🐾旅行用沐浴乳。
🐾衛生棉和衛生棉條／生理褲／月亮杯
隨身行李同樣準備幾份，以防萬一。託運行李內也放幾盒衛生棉條或衛生棉。出門在外要找到自己愛用的品牌，或許出乎你意料地困難。比方說，義大利幾乎什麼都做得比全世界好：麵包、時尚、機場、水上城市——但他們的生理用品實在是有夠差勁。
🐾一盒散利痛／普拿疼／布洛芬 [1]
以防頭痛或生理痛——不過前提是你服用過，並且知道吃了後無不良反應。

🐾梳子或髮梳
🐾避孕藥
🐾防晒乳

小化妝包

🐾耳塞

🐾少量的散利痛／普拿疼／布洛芬
如果之前服用過，並且知道自己沒有不良反應。

🐾乾洗手
兩罐！因為有一罐一定會滾到座位

底下，此生永不復見。

🐾旅行用消毒溼紙巾
🐾醫用口罩或布口罩
🐾髮圈、小黑夾
帶得比覺得會用到的多。

🐾護脣膏

🐾卸妝溼巾

🐾卸妝棉，可以拿來做許多不同的用途

🐾乳霜、精油，或者手部及臉部噴霧

🐾迷你乾洗髮

在飛機上，所有東西都會變乾，只有你的頭髮是例外；等到航程結束時，你的頭髮會油得和天婦羅沒兩樣。

🐾牙刷和牙膏

在三萬英呎高空上，你全身上下唯一能清洗的部位只有牙齒，而等到航程結束，你會非常希望身上能有個某部位是乾淨清新的。

🐾藥品

你的焦慮有可能就是在這部分突破天際。如果你有氣喘，六個月沒有發作，那麼請將你的吸入器放在隨身行李中。如果你偶爾會恐慌症發，請確認隨身行李內帶有抗焦慮藥物。你不必為所有的健康問題擬定計畫，只要替最近發生過的做好準備就行。確認自己準備好一封醫生提供的文件，裡頭清楚解釋所有你可能需要的處方箋藥品。出發前，先去看個醫生。（詳見 46 頁）。

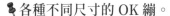

🦷化妝品（如果你有在化妝）

你會發現自己在度假時妝化得比較少，尤其是假期過得很愉快的時候，你會太沉浸在新環境，忘了社會／IG 要求你無時無刻都要看起來像剛敷了蝸牛面膜或得到好幾次高潮。

🦷各種不同尺寸的 OK 繃。

不管我有多愛逛藥妝店，都不會推薦你花上三個小時一跛一跛到處找水泡貼布。

你不需要

🦷卸妝棉球

世界上從來沒有人需要用卸妝棉球做任何事。它們為什麼沒有在卸妝棉發明出來後就被淘汰，實在是世紀之謎。

🦷任何超大尺寸的東西

記住，你就要把整間德國藥妝店搬回家了，不是嗎？

🦷鏡子

你的手機就是鏡子。

🦷任何你不會每天或至少每週使用的化妝品。

如何打包衣服

　　松鼠囤積堅果只是怕它哪天沒了，但堅果永遠不會缺貨。人類的類似舉止，就是試圖把整個衣櫥的東西塞進行李箱，以免自己遇到水災、火災、下雪、凍雨、酷熱或是嚴寒的天氣。克制這衝動是很重要的。因為不管你是即將出門玩六天或六個月，整趟旅程都只會穿同樣兩套衣服。帶上三套舒適的服裝永遠不會錯，不要為了「以防萬一」就帶冬季外套去巴哈馬。

必備衣物示範清單：

🐾 一雙合腳的走路鞋，另外再多帶一雙──最多兩雙
如果會碰上不同氣候，除了走路鞋外，你可能會想再多帶雙涼鞋和靴子。

🐾 泳衣、紗籠／罩衫式洋裝
不論你要去的地方是哪種氣候，一定要帶上泳裝──你永遠不會知道自己什麼時候想去玩水。

🐝 **一件外套、一件羊毛衫，再加一件保暖毛衣**——而且要是你衣櫥裡布料最好的一件。買得起新的喀什米爾羊毛衣或買二手的都好，那是地表上最輕又最保暖的衣料，而且它摸起來就像波斯貓。

🐝 **不要超過兩件 T 恤、兩件長袖上衣、兩條長褲或裙子、兩條短褲**
有個實用的通則是：除了內衣褲和襪子外，任何東西都不要帶超過兩件。

🐝 **一套外出用的「好看」服裝**

🐝 **一套睡衣**
我通常只帶一件短睡褲，然後再多帶一件 T 恤，可以拿來當睡衣或白天穿。

🐝 **一星期份的內褲以及兩件胸罩**——如果你打算穿的話。

🐝 **三雙襪子**
如果只去溫暖的地方，甚至只要帶一、兩雙就夠，不過在飛機上有襪子穿是很舒服的。

🐝 **一條大圍巾**
除了當圍巾外，還可以在飛機、火車或巴士上當被子蓋。

🐝 **如果是要去滑雪或任何特定性質的假期，那麼顯然你還需要打包些額外的裝備，所以你的必備清單可能會看起來不太一樣。**

關於鞋子

　　絕對不要帶還沒在家裡穿軟的新鞋。就算是最輕巧的涼鞋，如果沒事先花上足夠的時間把它穿軟，一樣會變成一雙刑求道具，而你不會希望第一次看到加拉巴哥象龜的記憶就因為自己一雙腳像泡在硫酸裡給毀了。各位，相信我，小小的水泡或許不能和分娩或骨折的疼痛相比，但它掃起興來絕對一點都不手軟。我還曾經因為腳趾上的水泡受到感染，搞到最後進了醫院。雖然我只在醫院待了兩小時，而且從頭到尾都不用穿上病人袍，仍是一段糗死人又超痛苦的插曲。從此之後，我再也不會穿沒穿軟的新鞋出門度假。

不太尋常但實用非常的小建議

　　蘿絲‧貝賽特（Rose Bessette）是個經驗豐富的旅行家，同時也是兩性健康的研究人員，這代表她對陰道略知一二。她建議我們在長途旅行時不妨多黏幾層護墊。飛機上，你的陰道會受焦躁（汗水）與通風不良的雙重夾擊。可憐的私處沒有太多透氣的空間，而這可能會讓你的內褲變得像沼澤一樣令人不適。同時你應該不會想要坐趟飛機就把所有內褲用掉，也不會想每兩個小時就跑去和迷你棺材沒兩樣的機上廁所換內褲。蘿絲所提供的聰明解決方法代表每次只要內褲溼到不舒服，你就去廁所撕掉上層的護墊，露出底下一層乾爽的新護墊就好。

　　你也可以隨身帶包護墊，一次換一片新的，而非一層疊一層，好像在做女性衛生用品千層派，但我欣賞蘿絲這方法所提供的懶惰度和實用性。你也可以用加長型護墊……嗯，夢幻加長型[2]——我們這麼稱呼它好了。這樣一來，所有——我要怎麼說會比較文雅呢——屁汗也會被吸收到。

文件、電子裝置和現金

把訂票或訂位的確認信列印出來，放在錢包或透明資料袋，讓你不用透過電子裝置就能輕鬆提取。旅途中越少依賴手機越好，因為手機可能會掉進馬桶、沒電，或遺落在咖啡桌上。

自己帶一組延長線，如此一來，抵達目的地後，你只需要一個國際轉接頭就能替所有電子裝置充電。

無論去到哪裡，都準備一些當地的貨幣現金。你可以出境時在機場兌換，以免抵達時找不到能兌換現金的地方，而且有時，等你抵達後外幣兌換處早已關閉，所以這點一定要謹記在心。不是全世界所有的店家都接受信用卡——想想市場和路邊攤——而且你只是買杯飲料，不一定每次都會想用信用卡付錢。如果不只要帶一種貨幣，那麼請把它們分開收好、以免拿錯，在該用迪拉姆[3]付計程車司機錢時不小心拿成歐元。

旅遊點心

在你的包包或隨身行李裝越多零食越好（但記得要先確認它們能過海關），只仰賴飛機或火車上的餐點是很不明智的，尤其如果你有食物過敏或任何不耐症。就算事前先預訂了特殊餐點，它們不小心跑到別人手裡和肚子裡也不是什麼少見的事。

就算你沒有任何食物過敏，旅途中帶上大量的健康點心也是個明智的決定。因為飛機和火車上的食物出名難吃並非空穴來風。儘管曾發生過辣醬（紅辣椒醬）中毒事件，我個人其實是還滿喜歡的。不過我本來就很不挑，而且很少覺得餐點的份量足夠。我每次都會帶些額外的點心填飽肚子。像是蘋果乾、米餅和堅果。

如果你是要搭飛機，還有一點值得注意，那就是有一派的觀念認為你在空中時應該要吃得非常少，因為飛行的高度會對消化系統造成負面的影響。不過出門度假時你是打算多堅持健康美德？在飛機上除了吃和睡以外沒什麼事好做，所以如果餓的話，就吃吧。

1　Acetaminophen、Ibuprofen，退燒、止痛、消炎藥
2　原文為 dreamliner size。波音有款中型客機名為波音 787 夢幻客機（Boeing 787 Dreamliner），
　　作者在此用 dreamliner 來展示雙關的幽默。
3　Dirham 阿拉伯國家地區的通用貨幣。

交通，旅行少不了的部分

CHAPTER
06

直升機、小飛機、
纜車、快艇、熱氣球——
全都可能引發焦慮。
但就本章的目的而言，
我們僅探討飛機（詳見 80 頁）、
火車（詳見 84 頁）、
船（詳見 86 頁）還有巴士（詳見 89 頁），
因為我認為，
預設很少人拿熱氣球當作主要交通工具應該不是什麼不合理的事。
本章將帶領你了解各種交通工具，
並提供實用的小建議，
還請到一名機長分享一些關於飛行的專家建議（詳見 80 頁），
來幫助我們減輕恐懼。

除非你住在鳥巢，要不然飛行就不正常

對於飛行的恐懼尤其會打亂你的計畫，甚至誘惑你乾脆放棄。但是如果你想造訪希臘群島或到林肯中心看表演，就得找到方法克服這些恐懼。

我就開門見山說了吧：人類沒有翅膀。想了解為什麼這麼多人會在起飛時嘔吐，只要知道這點就好。我們的身體構造並不適合起飛。世界上能對飛行百分之百無感的人，只有巡迴演出的音樂家（因為他們都喝醉了）──還有飛航人員（如果你每天都在飛，就連要在聖母峰上高空彈跳都不會嚇到你）。

對飛行感到輕至中度的恐懼是非常普遍的，但對恐懼的人來說，這一點並沒有讓事情變得比較能夠忍受。別怕，有大量的研究結果可以告訴你，你最深的恐懼成真的機率有多低。舉例來說，美國國家安全運輸委員會（US National Transportation Safety Board，簡稱 NTSB）的研究揭露了一個令人吃驚的事實：一九八三到一九九九年間，在所有的飛行事故中，有百分之九十五的乘客最後都存活下來了。就連最嚴重的事故，都有百分之五十五的乘客倖存。在 NTSB 進行這項研究後的幾年間，飛行只變得更加安全。粗略檢閱一遍交通數據後，你會發現飛行顯然是最安全的旅遊方式。如果我們像在意飛安數據一樣在意道路安全數據，那麼這輩子絕不會再踏進車裡一步。

　　如果你擔心在新冠疫情後，機長們在二〇二〇到二〇二一年之間無法飛行，重新坐進駕駛艙內會有所生疏，那麼下文提到的利比・貝威爾機長可以告訴你，所有被困在地面的機長都必須先花三至四個月透過飛行模擬器與實際飛行來更新、加強自己的技術，才能夠得到許可，再次駕駛客機。

利比・貝威爾 (Libby Bakewell)
Q&A

機長與飛安專家

利比・貝威爾既是客機機長、飛安專家，也是前任空服員，還曾擔任澳洲航空飛行恐懼課程的指導人員。一九八三年，一架從伯斯到墨爾本的飛機遭到挾持，她便是當時機上的組員之一。就是這起事件引發利比的興趣，想知道人為因素在飛航安全中扮演了什麼樣的角色。她比你、我與幾乎是世上所有人更了解飛行，而她一點都不害怕。這令我非常安心。這就像是有人從地獄回來之後說：「其實呢，那裡也沒有那麼熱。」

我們要如何提高自己在墜機事故中的存活率？

大部分人都不了解，其實存活機率在很大的程度上仰賴自己的行為反應以及準備。無論你多常搭飛機，每一次飛行你都必須細看安全示範、細聽廣播事項，還有閱讀旅客安全須知卡。

逃生往往會在黑暗中進行，所以先數清楚你和最近的逃生出口隔幾個座位，因為你必須假設自己屆時將視線不良。

不要喝太多酒。如果受到酒精影響，你將無法迅速反應。逃生必須在九十秒內結束：將所有人員撤離飛機就是該在這麼短的時間內完成。幾杯黃湯下肚，你的反應就是會不夠迅速，安眠藥也會損害你處理緊急狀況的能力。

逃生時還有一點非常重要，就是請把隨身行李留在座位上方的置物櫃。它會嚴重拖慢逃生速度，並造成走道堵塞。只要有一個人絆倒或跌倒，或者逃生時旅行袋擋住出口，就會造成這情況。發生緊急狀況時還試圖拿隨身行李是會害人賠上性命的。

我每次都會準備一個小包包（有斜揹帶，讓你可以空出雙手），把護照、手機、皮夾和鑰匙裝在裡頭，登機後放在座椅上裝安全指南和雜誌的置物格，這樣一來，如果需要撤離，我可以直接抓了小包包就走，不用為了隨身行李浪費時間或妨礙我（或其他人的）行動能力。

飛行的哪部分最危險？

絕對是起飛和降落。但出事的機率還是非常非常低。機組人員——無論是否在值班——起飛和降落的時候一定會保持一種改良過的防撞姿勢：兩手掌心朝下，放在腿上，雙腳穩穩踩住地板，下巴微傾。如果是面向前方，下巴應該要微微往內收；如果是面向後方，頭應該要靠著頭枕，下巴微微上揚。這動作只會保持大約二十秒，所以你永遠不會發現。但我們都會這麼做。

還有另一個重要的安全建議，就是在起飛和降落時務必穿著鞋子。如果發生緊急

狀況，你會需要鞋子來保護腳，並幫你盡快離開飛機，即使在使用滑梯逃生時必須暫時把鞋脫掉。絕對不要穿高跟鞋，高跟鞋會讓你很難快速移動。如果是從機上撤退，下飛機後你大概會需要盡快跑離飛機周遭。

亂流會導致墜機嗎？

不會。飛機在建造時就是設計要能抵抗亂流。機上有雷達能夠顯示我們是否即將進入一段猛烈的亂流，讓我們能提前繞道。然而，不是所有亂流都能被雷達偵測，所以如果可以，最好還是一直繫著安全帶。飛機不會因亂流墜機，但如果飛機經過一段雷達偵測不到的晴空亂流，沒有繫上安全帶的乘客是有可能受重傷的。

接下來有一個丟臉的問題，但我要替（幾乎）所有我認識的人問：
這一大艘載滿人類的巨大機器
到底是如何滯留在空中的？

一切都和氣壓有關。簡單來說，你可以試想：如果你把手從一輛行進間的汽車窗戶伸出去，會發生什麼事？如果你把手維持在某個角度，它便會製造出上升氣流（意

即手一側的氣壓比另一側高），那麼你的手就會跟著升高。

　　飛機引擎實際上並不會製造上升氣流，也不會抬起任何重量。單純只是把飛機往前推，而機翼上方的空氣移動會製造上升氣流。意思是，如果引擎突然失效，飛機依舊能靠飛行高度所產生的巨大位能平穩滑翔一段時間。

最後，你認為在飛機上保持冷靜最好的方法是什麼？

　　保持謹慎、冥想、腹式呼吸。這些真的都很有用。許多機組人員會帶精油上飛機，幫助自己放鬆和安眠。他們也常會趁休息時間在保溫杯裡裝熱水，一樣為了幫助自己放鬆和更容易入睡。乘客不見得能這麼做，但依舊可以在隨身行李裡帶幾個隨身用的熱水袋。

　　真正地、全面地了解飛行原理，以及了解飛航途中的每一個環節設計了多少層的安全措施，對於克服飛行的恐懼也非常有幫助。舉例來說，你要知道飛機會發出很多聲音，但沒有一種是代表末日來臨。大家常會忘記客機內其實也載滿了各式各樣的貨物，而且雖然都有固定好，一樣會移動！機翼會發出聲音、起落裝置也是。還有那些你老是聽見的鈴聲，只是機組人員在互相溝通。這是每一段航程的例行公事。

羅曼蒂克的火車旅行

　　《上海特快車》、《東方快車謀殺案》、《列車上的女孩》——在書本和電影的描述中，火車上常會發生讓人神魂顛倒的浪漫戀情，以及各種犯罪和陰謀，卻容易讓人忽略一件事：實際上呢，多數時候，火車旅行只是代表你在上班途中站在過度擁擠的車廂內，當你身旁的人大聲咀嚼著培根蛋捲，你只能默默地吐在自己手裡。

　　但搭火車度假旅行是個好機會，讓你能一窺火車旅行浪漫的一面。包括像做夢一樣看著窗外綿延不絕的變換景色展開眼前。火車旅行讓旅途也變成假期的一部分，而不只是將你送到目的地。在許多國家，火車旅遊能讓你窺見最令人難忘的風景、地標和國家公園，這點是空中旅遊做不到的。火車旅行也是最環保的旅遊方法之一，比起汽車和飛機，它消耗的能源較少。

　　對於搭飛機會緊張的旅客，火車旅遊是很好的替代方案，它最突出的優勢就是讓你免去在機場排隊的壓力，以及冗長的登機時間，而且一般來說，火車也比飛機旅遊提供較高程度的舒適。比方說，歐洲的火車站通常位於鄉鎮或城市的中心，這也免除了旅遊的另一個壓力源：如何抵達機場。因為機場通常離城市較遠。

火車旅遊小建議

🖈 如果你希望火車旅遊也能成為度假的一部分，請確保自己事前為旅程做好充分的研究。

🖈 無論是買團體票或用某種火車通行證，車資都有可能會隨著在出發前多久訂票而有很大的不同。

🖈 即便在同一個國家，不同火車提供的服務也可能大相逕庭，所以請確認你搭的是快車，或每站都停的車種。

🖈 如果會在火車上過夜，你可能會想多花點錢買臥鋪或獨立包廂，搭乘起來會比較舒適，也比較有隱私。

🖈 如果你是要在一個不會說當地語言的國家進行長途火車旅行，不妨將車票拿給列車長看，讓他們能提前知會你要在哪一站下車。

🖈 雖然和坐飛機相比，火車悠哉許多，但還是要遵守同樣的基本原則：至少提早三十分鐘抵達車站、隨時將所有貴重物品帶在身邊（一個小後背包就夠——這樣你就可以輕輕鬆鬆在車廂間移動，不用擔心自己東西不見），並且攜帶消毒溼紙巾擦拭水龍頭和托盤，甚至上廁所前也可以先將馬桶擦過一遍。

🐦帶水和食物上車，就算是短途旅行也一樣（以免誤點）。即便火車上有餐點，你也永遠不知道他們會提供什麼。

🐦雖然在假期途中生病不是什麼世界末日，但還是請繼續保持因新冠疫情之故已經熟到不行的簡單衛生防護措施。這將大大減低你假期染病的機率。

就算不搭郵輪，也會搭到船

　　我就坦白說了，如果你此刻正在讀這本書，那麼郵輪假期大概不在你的選項內。對於容易焦慮的年輕旅客來說，郵輪本就不是他們的自然棲息地。我以前曾幫郵輪公司寫過廣告文案，而在所有我寫過的專業文宣裡，郵輪旅遊沒有一項優點曾動搖我的信念，讓我相信搭郵輪會比坐在大嘴鳥的嘴裡旅遊更好。郵輪是出了名的超級傳播源，不只是新冠病毒，所有腸胃病都會在上面肆虐。如果你跟我一樣有嘔吐恐懼症，這可是天大壞消息。

　　對於較內向或愛思考的旅客，他們重視充裕的個人空間，希望旅程中能有時間只是無所事事地閒晃，因此對他們而言，郵輪不太算是正確選擇。但是平心而論，有很

多人是真的喜歡搭郵輪旅行。不過，儘管郵輪旅客的平均年齡開始下修，它們依舊最受老年人歡迎。喜歡郵輪的年輕人通常是專業的派對動物，他們的 DNA 就是一頂派對三角帽的形狀，而且長得不像雙螺旋，而是表情符號。如果你試圖跟上郵輪那些專業派對動物的腳步，到第十天你就會需要肝臟移植。所以最好還是搭飛機、火車，或航越科莫湖[1]的怪船就好。

喜劇演員史派克・密利根（Spike Milligan）曾說過：「百分之百能治好暈船的方法只有一個：那就是坐在樹下。」不過度假時，坐在樹下並非是實際選項。在有些地方，如果不搭船就無法抵達目的地或好好欣賞景色，起碼會比較困難。就像在雪梨，如果你不搭這城市著名的渡輪，就會錯失很多體驗，更不用說會浪費多少時間在交通上。

搭船旅遊小建議

🦗 如果擔心自己會暈船，包包裡準備一些強效薄荷糖或薑糖，幫助你緩和反胃感。上船前不要吃或喝太多東西。

🦗 站著的時候，把腳張得比平常更開，視線固定在地平線上。這兩點都是海軍陸戰隊實證過的有效方法，這麼做能幫助你的身體適應海浪的波動。

🦗 如果你不習慣搭船，想到會暈船就緊張，不妨在搭船時嘗試各種喜愛的冷靜呼吸法。

🦗 如果有嚴重的暈船歷史，出發前請先找醫生諮詢。如果背包裡準備有抗嘔吐的急救藥品，你會感到安心一點。

🦗 如果你害怕搭船旅行，那麼，如果要和容易緊張的飛行旅客一樣，信手拈來就找到讓人放心的數據，其實不太容易，因為海上死亡事故的綜合紀錄很難取得。但記住這點：二〇〇〇年到二〇一二年期間，估計的死亡人數約在三百至六百四十四人之間。比起死在船上，你死在前往港口的計程車上機率還比較高。

🦗 就像航空旅行，啟程前先全盤了解所有的安全和逃生步驟。

巴士旅遊意味你和可以當地人聊天

搭乘巴士旅遊可以提供許多和火車旅遊一樣的好處，只是少了浪漫的神話，不過成本低很多。就像火車旅遊，巴士旅遊也較環保，而且出事機率和死亡機率都比搭車旅遊低，又很方便，因為巴士站通常位於市中心，而非城鎮外圍。

選擇搭乘巴士的最大優點是不用狂做功課尋找最便宜的車票，也不用費心考慮多久前就要先把車票訂好，因為巴士的車資通常不會因你何時訂票而有所不同，又常有折扣。現在車票往往可線上訂購，登車時只需掃描 QR 碼就好，退票規定也比大部分的航空公司有彈性。

現在有很多巴士裝配有無線網路和插座，你可以坐在位置上聽音樂、看書，而且搭巴士可以讓你有機會和當地人或其他旅客交談。

就像搭火車或飛機，你要確定自己除了隨身行李外，還有一個小包包或背包裝錢、護照、手機，以及所有不能離開自己視線的物品。

巴士旅遊小建議

🦗一定要先查清楚從你住宿的地方到巴士站需要多久時間,才能將這點納入行程規劃的考量之中。抵達車站的時間至少要比發車時間早十五分鐘。

🦗查清楚是否需要事先訂好車票,或可以直接在車站或向司機購買。

🦗確認是否可劃位;可以的話,你就能先選個自己喜歡的位置。

🦗確認巴士上是否有廁所、多久會靠站一次,還有靠站時你能不能下車活動一下筋骨或買個點心。

🦗帶個眼罩,讓自己白天也能在車上睡一下。因為巴士內通常都很明亮。

🦗在自己的電子產品內存滿喜歡的 podcast 節目,包包裡帶上幾本書和雜誌,因為不是每一輛巴士都提供娛樂選項。

🦗任何時候貴重物品都不要離身(準備個斜背包,或可以擱在腿上的包包——有些人甚至會把包包塞在衣服底下),絕對不要讓它們離開自己視線。

🦗帶很多水和點心。

🦗請著洋蔥式穿搭,因為巴士裡通常會開空調,有時候會冷的不得了。

CHAPTER
07

我們就當你的火車或飛機沒有出事，

繼續說下去，

因爲我們能對旅程所做的安全假設不多，

而這是其中之一。

好，假設你現在人在機場裡了，

也已經在 YouTube 上看過機場攻略（或看了方向指示牌），

大概知道要怎麼知道從一個地方去下一個地方，

事前也已經先決定好要搭哪種交通工具去飯店或青年旅館，

因爲你不會想等結束漫漫長途飛行後、

要死不活拖著自己下飛機後才做出決定。

實際上，不管是什麼決定，你都絕對不會想等到機場再來考慮。企圖在機場裡做決定就像一邊做根管治療，一邊決定晚餐吃什麼。機場不是一個適合做決定的環境，除非你是要在書店或書報攤選擇買哪本聳動的八卦雜誌。噢對，我每次都買《Hello!》雜誌，因為它始終不屈不撓、繪聲繪影地刊載世界上最無關緊要的瑣事——什麼鑽石名媛華服夜會威廉王子之類的。

事前查清楚你要怎麼從機場去住宿地點會省去很多麻煩，因為每個機場都提供了各式各樣令人眼花撩亂的交通工具大雜燴，有些收費合理也可靠，但其他的就不是這麼一回事。

我到飯店了！假期開始！

接下來，我們假設你已經快快樂樂又一身臭汗地抵達住宿地點。如果你是坐完長途飛機，或坐了一整天交通工具，不管身體有多堅持、大吵大鬧要你先躺下來一小時，你都不能這麼做。如果躺下來，你就會睡著，然後在十二個小時後醒來，發現自己的臉埋在乾掉的口水中，想吃披薩想得要命，然而此時是凌晨三點，你絕不可能找到披

薩吃。這一點，是我能想到打消睡覺衝動的最好理由，比任何想重設生理時鐘的理智念頭還要重要。現在就去買披薩！不要想說「我就設個鬧鐘，休息十五分鐘就好！」除非你的鬧鐘能在響的時候伸出一隻戴手套的拳頭往你臉上揍一拳，否則它絕對不可能成功叫醒你。

　　如果是到一個新時區，頭一晚起碼試著讓自己保持清醒到晚上八點半，第二晚九點，到了第三、第四天，你的身體就應該已經開始適應新時區。這個概念是基於每差一小時就等同一天的時差，據說是真的有點用處。但是對於從澳洲和紐西蘭出發的旅客並不是什麼好消息，因為他們飛往的目的地的時差常常是超前好幾個小時。安排行程時，不妨給自己幾天的時間適應，因為當你的身體還在調整顛倒的時差時，直接火力全開投入觀光活動恐怕不是太好的主意。

　　當然了，如果目的地和你原來住的地方同一時區，你可以跳過這部分，直接開始熟悉新環境。

如何消除時差？

不幸的是，方法並不多。你只能盡可能要自己晚上睡覺、早上起床，而非日夜顛倒，就像你身體試圖強迫你的那樣。這不保證能消除時差，但能幫你盡快適應新時區。

此外，我發現處方用褪黑激素對克服時差和失眠是很有幫助的，屢試不爽，但不是每個人都喜歡這法子。有些人會有副作用，像是頭痛、反胃、疲憊（不過當然，服用褪黑激素時，疲憊感就是你追求的效用之一，但它不應該讓你到了隔天還無精打采）。褪黑激素是一種自然產生的賀爾蒙，告訴你的身體該睡覺了。雖然它比一般傳統的安眠藥溫和許多，但在決定使用前，還是應該先和醫生討論可能的副作用。旅行前一定要先找醫生諮詢（詳見 46 頁），並在出發前先試用任何你打算服用的新藥物，才能知道它對自己造成什麼影響。

鎂錠也是另一個選擇，不過記得先和醫生確認不會干擾你在服用的其他藥物。局部塗抹薰衣草精油沒有太多副作用，如果你有睡眠問題，又不想使用藥物，不妨一試。

長途旅行後我臭死了，怎麼辦？

　　不要躺下來，去洗澡。越快去洗越好，這點很重要。因為在長途旅行後，你的體味真的會讓你產生自我懷疑。人類的身體既是個奇蹟，也是個髒到不行的容器。每次長途飛行後扒掉自己身上的衣服，我都能深切體會這一點。而且別忘了，我住在澳洲，和世上其他任何一個地方都隔著七十億海哩，所以每一次飛行都是長途飛行。在飛行二十六小時後，唯一能和我身上味道比擬的，只有一九八六年車諾比爆炸後突然被拋棄的露天市場，裡頭所有蔬菜、水果、肉類和魚類都攤在輻射陽光下腐爛。

　　洗澡會讓你煥然一新，讓你準備好出發探險。切記，洗好澡後要穿上乾淨的新衣服，最好再塗些好聞的乳液或護手霜，它們會讓你在長途旅行後感覺比較像人。把自己當成屍體防腐員，你的工作就是讓屍體看起來和聞起來同樣體面。

出門逛逛

　　洗好澡後，出門在附近散個短短的步。行李就留到你累到不行、又想盡可能堅持久一點再睡時再來整理。走路能幫你更快熟悉新環境，連帶消除一部分**我他媽現在到底在哪**的焦慮。如果看到附近有任何感興趣、想等自己恢復成人類後再來的地方，記得先筆記起來。

　　去附近的雜貨店或便利商店買些必備品，麵包、巧克力、泡麵，這麼一來，如果你凌晨三點突然想吃東西，手邊就不愁沒食物。我曾在三更半夜時吃過很多希臘鹹派，由於時差，我的身體堅信此刻是晚上七點，所以正是攝取大量熱食的時候。

　　這或許是老生常談，但要展開你的假期，不妨先花上半個小時在雜貨店裡晃一晃，那會比去人潮洶湧的觀光景點更快適應自己所處的新環境。雜貨店、小餐館、市場、公園，在地人都是在這些地方走動、出沒，而去到一個新地方，最好玩的就是看看其他人怎麼生活。

飯店客房小建議

　　長年以來，莉索・陸芙（Liesl Ruff）一直都是飯店的狂熱愛好者，也是個飛行常客，她說「我喜歡直接去我飯店的房間，叫客房服務，在電視上看國外的益智遊戲節目，放鬆一下心情。然後我會去雜貨店或街角的商店買碗杯麵、起司通心粉和任何能用熱水沖泡的食物。我確實覺得飯店和汽車旅館的熱水壺很恐怖。我聽過有人會用它們來洗內褲，但我努力把這點拋諸腦後。」

和地圖做好朋友

　　飯店和青年旅館通常會提供當地的地圖，出門前不妨先把地圖看熟。這樣一來，當你出門逛逛，才不會想到手機可能快沒電而驚慌失措。這能讓你在新地方走動時看起來比較有信心，也比較容易看起來像個熟門熟路的當地人，而非好下手的遊客。不過，如果你真的需要看地圖或問路時，請在人群中找個看起來不像連續殺人犯的人，再上前請求協助，這總比迷路來得好。比起和陌生人交談，迷路更容易提高你的焦慮程度。

CHAPTER
08

參觀
熱門景點
(同時避免血壓升高)

去巴黎不能不去羅浮宮、
艾菲爾鐵塔和聖母院。
不過——當然——你不去也行。
你想做什麼都可以，
這是你的假期，
而你會發現，
每個人對於度假時該做什麼，
自有一套非常強烈的意見，
不要聽別人告訴你該看什麼，
或該做什麼。

如果你在巴黎只想吃可頌吃到身體裡的血液變成奶油，並在街上閒晃，讚嘆聖日耳曼德佩區（Saint-Germain-des-Pres）是全世界最美麗的地方，這也很好——再好不過。大部分人做個深呼吸，問自己「我今天到～底想做什麼？」的時候，大概都會這麼回答。艾菲爾鐵塔是很美，但說到底，它不就是座很高的鋼筋建築嗎？你在無數的明信片上都看過，它就是沒有那麼……讓人驚豔。

話是這麼說，但世上的觀光名勝之所以有名，都是有好理由的（大部分啦！）而想找個最不用排隊和人擠人的時間去看看，也並非不可能的任務。如果你想參觀的是一個永遠都很熱門的景點，像是泰姬瑪哈陵、梵蒂岡或凡爾賽宮，那麼考慮淡季的時候去。換言之，就是不要選在觀光旺季的時候。比方說，歐洲整個夏天都擠爆了，因為——好吧，歐洲的夏天就是那麼讚。如果這時候去玩，你就得接受人潮洶湧。但你或許會想趁著所謂「平季」的時候去看看，就是旺季與淡季中間的季節，像是春天或秋天。這意味你還是能享受到很多美麗舒適的天候，人潮又沒那麼擁擠，住的地方選擇也較多、比較容易預訂。

參觀熱門的觀光景點時，記得在出發前先做些功課，了解一下離峰時段大約是什麼時候。基本上，通常會是非常早或近傍晚快打烊。比方說，如果你要去倫敦塔，不

要趁英國學校放假的時候去，要不然到處都會碰到校外教學的尖叫小鬼，忙著把胡蘿蔔條塞進鼻孔，擠到讓你一件展覽的皇室珠寶都看不到。紐約的現代藝術博物館每年大約吸引六百萬名訪客，每當到了星期五下午免買門票的時段，裡頭就會塞滿大量渴望藝術的小氣鬼。所以如果你有人群恐懼症，千萬不要安排在週五去參觀。至於雪梨歌劇院，你不用非得非常靠近才能欣賞它。雪梨港一帶有許多既美麗又較為清靜的地點，可以讓你好好欣賞它美麗的曲線。

去人少的地方

你也可以考慮去些沒那麼知名的地方。這是個超棒的方法，讓你能盡一己之力防止「過度旅遊」。這四個字是描述一個嚴重問題的蠢方式。儘管我在寫這本書時，實在很難想像有哪個地方會塞滿遊客。畢竟新冠肺炎把全世界都封鎖了起來。可是過度旅遊確實是個重大威脅。像在普吉島、杜布羅夫尼克[1]和威尼斯這些熱門景點，持續不斷的觀光人潮不僅破壞了當地生態系統，也對當地居民的生活品質造成不良影響。許多人都被迫搬遷和離開。如今有許多網站和部落格會去探討良心旅遊和永續旅遊，它

們能幫你找到其他有趣的場所，替代那些過度熱門的景點。

如果你打算造訪熱門景點，只要避開郵輪和大型的團體旅遊，依然有所幫助。郵輪和大型的團體旅遊會造成過度旅遊，同時間對當地經濟又沒有太大回饋。做為替代方案，你可以只找當地的良心旅行社預約行程，避開大型連鎖飯店和餐廳，到在地商家和餐廳消費。一般來說，每個地區通常都會有在地團體推廣永續餐廳、景點和活動，也可以協助引導你遊覽。

食物不耐症

就算在家時你不會把食物不耐症和過敏的問題放在心上，但在旅行時，這兩點可是會引發焦慮的。每個新國家對於食物都有自己的文化和風俗，要去了解這些狀況，再加上自己複雜的飲食需求，確實會讓人想打退堂鼓。不幸的是，食物不耐症不像護照，想丟就丟（！）許多有特殊飲食需求的人依舊能在旅行同時享受當地佳餚──沒有錯，只要你出發前先做足研究就好。

抵達前，查查哪些餐館和餐廳提供素食和無麩質餐點，大致了解當地的飲食習慣。

這麼一來，你就會知道什麼可以吃、什麼不能吃。記下幾家健康或天然食品雜貨店和超市的名字和地點（現在幾乎每座城市都有），它們通常會提供許許多多專門因應特殊飲食需求的食物。

　　如果你對某種食物過敏，或正在進行飲食控制，就該將語言學習納入規畫之中。學些基本的句子，像是「我對某某食物過敏」、「不要奶製品」、或是「我吃素」等等。如果你還是沒把握自己能清楚表達，現在有很多 app 能夠代勞，像是 Equal Eats、Allergy Translate。考慮訂個有廚房的住處也是好方法。這樣一來，你就可以盡可能地自己準備食物。但是這並不代表你會錯過嘗試當地菜餚的機會，超市和熟食店裡都有大量的選擇。

　　如果你的飲食偏好並非基於過敏或嚴重的不耐症，你可能會發現，出門在外時，你對飲食的態度會比較有彈性。我平常很少吃肉，但去德國時，我成了瘋狂的肉食性動物。我對肉的胃口一般而言幾乎等同不存在，但在德國直接飆到破表。這並不是因為蔬菜的選擇少，那裡蔬菜很多，我只是無法拒絕德國香腸。而德國香腸就和它給人的刻板印象一模一樣：在德國到處都是，好吃的要命，也便宜得要命。

捕捉你的假期

　　記錄自己的假期，或在社群媒體上分享照片完全不是問題。只是別忘記，你的假期是要給自己享受，而非社群媒體上的追蹤者。試圖捕捉完美的時刻分享給他人，有時會變成一項例行公事，把出去遊玩的喜悅和隨興感鯨吞食鯨吞。記錄假期記到走火入魔，會讓你覺得自己不是在度假，而且我坦白說，當你花了大把銀子出來旅遊，你不會希望自己無法盡興玩樂。

　　再來是，如果你開始把自己的旅遊和別人照片上看到的拿來做比較，也可能會打壞心情。我們在社群媒體上看到的度假照片多半經過精心布置和安排，而且套過濾鏡，呈現出一種好玩到不行、輕鬆到不行的表象，卻鮮少實際反映出旅遊真正的本質：也就是它的難以預測性。它會讓人開心，也會讓人筋疲力盡；會令人失望，也可能令人感動；會讓人搞不清楚狀況，還會讓人髒兮兮。和他人比較，保證會破壞你的假期（和生活）。試著趁度假時減少使用社群媒體，而不是加倍。記住，就算你沒拍照，假期依舊在。排出膽結石的時候我沒有拍任何照片，我還是記得一清二楚。我沒有我剛出生的照片，我媽還是一樣毫無困難就能想起我出生的細節。你的腦袋能比 iPhone 拍下

更多照片，並且妥妥貼貼存在海馬體內，就像肉體版的雲端儲存。

　　旅遊最讓人意外和興奮的地方，就是你可以突發奇想，想變成誰就變成誰。世上其他人對你一無所知，所以你沒必要繼續保持平日裡的人設——不管是個性謹慎，或是勤勤懇懇，又或者衝動風趣。你可以完全甩開包袱。如果你只是為了遵從社群媒體所訂立的度假戒律（必須穿著比基尼拍出火辣又撩人的照片；必須在歷史紀念碑前拍出看起來火辣又嚴肅的照片；必須在海裡拍出開心地一躍而起，同時顯得可笑又火辣的照片，等等之類！）就放棄這個能挖掘自己另一面的大好機會，那就太可惜了。

　　訂下規則，限制自己社群媒體的使用，並盡量試著去遵守。我的假期拍照守則是「不准自拍」。西班牙階梯、泰姬瑪哈陵、吉薩金字塔，這些古蹟本身就很有看頭，不需要多擺一張我的臉在旁邊幫它們加料。

熱門景點的焦慮指數

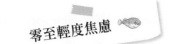 零至輕度焦慮

中度焦慮

高度焦慮

法國／巴黎／艾菲爾鐵塔

如果想在尖峰時段登上塔頂，光等電梯就會大排長龍。

傍晚的時候去參觀、不登塔

美國／佛羅里達／奧蘭多迪士尼樂園

淡季的平日一大早

旺季的週末

美國／紐約／現代藝術博物館

週五下午

平日中午過後不久

希臘／雅典衛城

黃昏	
白天任何時段	

西班牙／巴塞隆納／聖家堂

提前預約／清早時段	
無預約／白天	

柬埔寨／吳哥窟

早上五點或下午四點	
中午	

印度／泰姬瑪哈陵

日出	
其他任何時間	

澳洲／邦代海灘

平日早晨、秋季和春季	
週末、春季和夏季	

中國／北京／紫禁城

平日下午兩點之後	
週末正午	

義大利／羅馬競技場

七、八月任何時間	
七、八月以外的任何月份的清早	

英國／倫敦／泰特現代藝術館

週日早上十點	
平日十點過後	

埃及／開羅／金字塔

全年二十四小時無休

1　Dubrovnik，位於克羅埃西亞的度假勝地。

艾蜜莉·史考特 (Emily Scott)
Q&A

護理師、美國旅遊部落格 Two Dusty Travelers 作者

是什麼點燃妳對旅遊的熱情？
或再說精確一點，妳對於良心／永續旅遊的熱情？

　　我父母都是旅遊狂熱分子，所以我從小就跟著他們四處跑。我一直都有點濫好人個性，因此希望當我離開這世界，它能變得比我到來之前更好。而當我出門旅遊，這一部分的我並沒有被丟在家裡（就算有時候我希望我可以！）

　　不幸的是，觀光確實可能把世上最美麗的地方摧毀掉──如果我們不夠小心。如果在沙灘上看到垃圾，我就會想撿起來；在進行野生動物觀賞之旅時，如果看到大象，我就想幫忙拯救牠們；看到高級度假村旁的當地人深陷貧困，我就會想發出不平之鳴。

　　我發現，如果我有辦法回饋或振興我造訪過的地方，就算只是小事，也會讓旅遊變得更有意義。而且這麼做通常會讓我找到當地最棒的嚮導、餐廳、市場和各式各樣的冒險。

上回嚴重爆發伊波拉疫情時，
妳曾以全球醫療／災害應變護士的身分前往西非，
可以和我們談談公益旅遊（Voluntourism）一事嗎？

　　我會成為護理師，是因為希望自己能
擁有一種技能，讓我可以在前往世上任何
一處的同時，有能力伸出援手、提供幫助。
要獲得所需的經驗、並學會避開人道援助
的陷阱，並不是件容易的事（「公益旅遊」
的利潤相當龐大，而且儘管國外志工立意
良善，還是很容易造成傷害）。可是結果
十分值得，我可以每年花好幾個星期的時
間參與全球醫療工作，或被派遣到災難現
場。在家鄉，我原本是全職護理師，後來改
做派遣職務，福利較少，工作也較不穩定，
但是讓我比較有自由，一接到通知就能立

刻出發。（二〇一五年，當尼泊爾發生地震，我幾天內就搭上前往加德滿都的班機。）就算我是為了全球醫療工作前往外地，一樣有時間能讓我進行探索。我永遠不會忘記伊波拉疫情爆發時，我在獅子山的純淨海灘上度過的時光；在烏干達北部的難民診所工作時，我擠出一個週末去看野生動物；或者當我在海地當志工時，我到小鎮進行了一趟摩特車飛馳之旅。對我來說，這是再完美不過的平衡，我覺得自己非常幸運，能找到這樣的一種模式。

前往伊波拉疫情熱區工作前，
妳有沒有找到什麼有效的方法來控制自己的不安？

出發前往獅子山工作前我真的很焦慮！我還記得在機場和家人道別時，我硬在臉上擠出笑容，可是一旦通關，我就躲到廁所間裡去哭。

不管碰到什麼，我都試著用風險利益評估的方式來思考分析。我了解在伊波拉爆發的地區工作風險很高，可是得到的收穫也相當驚人：我能真真正正地拯救生命，幫忙阻止疫情擴散。我很清楚，如果我明知自己有西非亟需的技能，卻任憑恐懼令我坐困家中，我一定無法原諒自己。一抵達獅子山，我就知道自己已經做足所有能做的準備，我現在要做的，就是信任自己的技術和防護裝備。

新冠疫情後，你希望旅遊能發生什麼樣的改變？

　　我希望大家能多想想我們對自己造訪的地點會帶來什麼影響。後疫情時代的旅遊絕對意味著我們必須做更多的研究和規劃，來減低自己及他人所面臨的風險。這指的不僅是病毒，而是我們所做的每一個決定：住在哪裡？如何前往？在哪裡消費？都會為當地社群帶來實質的影響。我想新冠肺炎證明了我們所有人之間的牽連有多深。你以為這是個發生在遠方的問題，但它或許很快就會變得不那麼遙遠。我們都在同一條船上，有責任照看彼此。

我們能做些什麼，
確保自己對當地和當地人展現出尊重？

　　你希望遊客怎麼對待你的家鄉，就用同樣的方式對待你要去的地方！花點時間了解你的目的地，讓自己知道要怎麼尊重當地文化。遵守他們的規定，心存善念，就像

你在家會做的那樣。只因為你在度假，不代表你就能翻過欄杆，只為了拍張照片放到 IG 上或亂丟垃圾。

還有，認真想想自己的錢都花去哪兒了！你花的每一塊錢都像一張選票。你是想把錢付給大型國際飯店和連鎖餐廳，還是給在地的商家？我每次都盡可能住當地人開的旅館，在當地餐館用餐，把我的旅遊費用花在能支持在地社群的店家。

對於人生想要初次出遠門旅行的年輕女性，妳有什麼好建議？

去吧！沒關係，雖然害怕，你還是可以放手去做。絕大多數讓我人生變得更加美好的重大決定，當我實際去做時，都把我嚇得半死。我家浴室鏡子上貼著一句小格言：「如果那個夢想不會讓你感到畏懼，就代表它不夠遠大。」

還有，找找看你要去的地方有沒有女性旅遊團。就算你是「獨自」旅行，也不代表你就一定沒人作伴。不管去哪，應該都可以透過社群媒體找些女性旅客，和她們碰面認識。

對旅行的基本衛生防護措施和必備的急救用品，妳有什麼建議？

吃東西前一定要先洗手，還有盡量避免用手摸臉。

如果你是要前往開發中國家或非常鄉下的地方，務必記得，食物和水裡頭可能有你身體系統不習慣的病菌！我的座右銘是：煮沸、煮熟、削皮。要不然就別吃。

我每次旅行都會帶一個小小的急救包（放在隨身行李內），而且根據目的地的不同，也會稍事調整攜帶的物品，不過常備的有 OK 繃、鑷子、小剪刀、夾鏈袋（可以拿來當冰袋）、體溫計、我慣用的感冒藥和止痛藥、電解質發泡錠（以免嘔吐或腹瀉，或純粹因為去的地方會很熱）。

腳踩實地，
照顧自己

你橫越了大陸與海洋，

拓展自己的視野，

開闊自己的心靈，

欣賞這世界，

還學會用義大利文說

「麻煩給我三球冰淇淋（tre balle di gelato, per favor）」，

踏上西班牙朝聖之旅，

在柏林圍牆撿塊小石頭放進口袋，

然後還在夜店瘋了一下，對嗎？

認識新朋友、到酒吧玩、發現自己跑進一座陌生城市的陌生角落的一場派對，這些都是許多年輕遊客的傳統成人儀式。可是如果不喜歡跑趴，也不用覺得自己非得一頭栽進夜生活。每次害怕自己會錯過一件事（fear of missing out，簡稱 FOMO），就會有另一件事讓你反而因為錯過而開心（joy of missing out，簡稱 JOMO），然後發出心滿意足的嘆息。年紀越大，JOMO 感就越會強烈。等你到了四十歲，旅行時你最喜歡的大概會是食物——噢，不只旅行，你在生活中最喜歡的大概會是食物。

　　但是認識新朋友、尋找新旅伴，還有在酒吧裡和陌生人一起跳舞也是很好玩的，只要你堅守平時的個人安全守則。只是因為你現在身為遊客，所以和平時比起來會——我想想，最好聽的說法是「比較蠢」，所以必須做出些調整。

　　蠢也是有好處的。如果置身在一個我不會說當地語言的國家，最好玩的一點就是聽不懂其他人到底在說什麼。每次我偷聽陌生人用英文交談，起碼會有一半以上的內容令我暗地偷罵「什麼鬼」。我有個錯誤的假設，那就是愚蠢的交談只會發生在英語對話，至於地鐵上的法國人，一定只會聊傅柯和笛卡兒。很蠢，我知道。

　　可是不會說當地語言同時也讓你暴露在風險之中，因為你完全聽不懂酒吧裡坐你旁邊的人是在和朋友聊後結構主義，還是在聊要怎麼埋外國遊客的屍體，才永遠不會

被發現。學些基本的句子有益無害，像是「哈囉，你好嗎？」、「請問你知道 XX 要怎麼去嗎？」「醫院在哪裡？」「你是斧頭殺人犯嗎？」等等之類。你之所以應該這麼做，一方面出於對當地人的尊重（世上最沒禮貌的事，莫過於英文遊客假設世上所有人都聽得懂他們的話），一方面也是保護自己的安全。

像當地人一樣說話——意即語言 app

在出發去新國家旅行前，我一定會讓自己先熟悉一些在地用語（起碼要學會三個字）。我最喜歡的語言 app 是 Duolingo，因為對我來說，無論去哪，知道怎麼說「我叔叔有匹馬」、「新娘是隻松鼠」，還有「起司很好吃，只是放太久。」非常重要。第一步，先下載好幾個免費的語言 app，看看哪個最適合你。Mondly、Memrise、Busuu 和 Babbel 都是很多人的愛用程式。

無論你練習得多勤，都不可能在幾週內就學會整套語言（除非你是超級語言天才），所以除了語言學習 app，你還需要一套好的翻譯軟體。我每次都用 Google 翻譯，因為我發現它翻譯出來的東西起碼聽起來最不像「聖誕節午餐上喝醉酒的親戚」會說的話。當我必須和女兒在西西里島的醫院待上四天時，醫院裡沒有一個醫生會說英文，我幾乎完全仰賴 Google 翻譯來溝通，偶爾才打電話給我爸求援——他會說流利的義大利語，但大部分的時間都在和醫生聊一級方程式賽季，而非他孫女的醫療照護。這一點正顯示了以下論點：有時候，依賴機器確實比依賴人類安全許多。理想上，你應該是要用 Google 翻譯來讀路牌和菜單，而非進行有關點滴和血糖值的交談，可是在緊要

關頭，它也綽綽有餘了。

　　同時別忘記肢體語言的重要，它們幾乎
是全球通用。不過出發前先做點功課對你是
有好處的，能讓你避免文化差異造成的誤會。
比方說，在巴爾幹半島，點頭是表示否定，
搖頭則表示肯定。

入境要隨俗

　　最受公認的一條旅遊安全守則，就是應該盡可能地融入當地人之中。不要打開
Google 地圖——還開音量聽它報路，請盡量將 Google 翻譯的音量調到最小。還有，
看在老天的份上，不要把相機掛在脖子上，或穿得一副明顯就是遊客的模樣。可以的
話，盡量穿得像當地人。在我老家墨爾本，這單純意味：A. 穿很多黑色。B. 衣服上要
有很多顯示你是一個「有趣的老媽」的圖案，或者——C. 走運動休閒風。沒有一個澳
洲人會戴牛仔軟帽[1]，除非他們開綿羊牧場或者是莫利‧梅爾達倫（Molly Meldrum）

（這是我們八、九〇年代的首席流行明星訪問主持人）。不管《艾蜜莉在巴黎》（*Emily in Paris*）多麼努力說服我們——巴黎人其實不會戴貝雷帽，義大利人也不全是一身亞曼尼的超級名模（作者註：除了米蘭。那裡的人真的都是那樣，就連在機場 Europcar 租車公司工作的人也是）。

　　留意當地人怎麼穿還能幫你避免犯下時尚錯誤，不要看起來就一副走錯棚的模樣，像是在巴塞隆納披黑色蕾絲頭紗買吉拿棒。要注意各地的文化規範，在某些地方你必須穿著端莊，（有時）不能露出肌膚，這麼做一方面是尊重當地人，一方面也是為了安全。舉例來說，在寺廟和清真寺，你不能露出肩膀或膝蓋，通常連頭髮也必須遮住。在義大利，造訪梵蒂岡時不能露出肩膀。你會發現，大部分的宗教地點都有類似的服儀規定。在許多國家，露出大片肌膚會引起他人不悅，就像穿人字拖去高級餐廳。在北韓和蘇丹，女性穿長褲是不被允許的。

不要昭告天下自己是遊客

　　出門在外時不要張揚自己的外國人身分。我曾經只是吃了片披薩，最後付了

一百七十塊，只因為我一看就知道不是義大利人，因此活該付膨脹到離譜的遊客價。披薩是很好吃，但是一百七十塊耶……如果這樣，你會希望它……不只是片披薩，你會希望它能跳豔舞給你看，或是幫你報稅──只是舉例啦。

　　如果計程車司機或優步司機問你是不是第一次來這，請回答「不是」。因為初來乍到的身分會讓你被司機載著去兜風──真的帶你繞遠路和走塞車路段，最後只能付出高得離譜的車資。每次搭車時，一定要記得拍下計程車車牌和司機識別證，並不時確認里程表有在跑。上車前就要先確認好這一點，因為遊客常被告知里程表壞掉。在某些國家，你可以同意只要付多少車資，司機就會把你從 A 地載往 B 地，但要小心，如果你途中多停留幾個景點，他們說不定會額外收費。

有些人純粹就是痛恨遊客。他們的理由有些合理，有些不合理，而這也是必須盡量隱藏自己遊客身分的重要理由。做為一個住在熱門觀光景點區的居民，我可以告訴你，看見一個晒傷的英國人身穿 Bintang 啤酒背心大灌啤酒，完全不會讓人心情愉悅。許多地方在宣傳觀光時都必須小心翼翼拿捏方寸，一面要想辦法提振當地經濟，一面又要避免自己被遊客生吞活剝。就算你覺得自己不管去哪都要忍受店家對你滔滔不絕，千方百計要從你身上榨出錢，還是請你試著保持耐心和尊重的態度，與他們應對。我在國外的海邊看過很多沒禮貌的遊客，直接要賣墨鏡或鳳梨的小販滾開，每次都讓我氣到血液沸騰。因為那很可能是他們唯一的收入來源，而你正在他們的家鄉遊玩享樂。

把握日光（時間）

我們先前談過讓自己的生理時鐘盡快適應當地作息時間的優點，除此之外，適應時差也有安全上的好處。幾乎可以說在世上任何一個地方，趁著白天外出都是比較安全的。我不是要對你說教，要求你每晚只能待在塔樓，替受傷的動物織毛毯。如果喜歡夜生活，你當然有權晚上出去盡情享受。不幸的是，現實就是如此簡單又老套。每

一個城市都會有你不會想碰到的那種人，而在夜裡更是容易遇到，關於此事，不論男女都該注意。

在國外的城市，日光是你的好朋友。限制自己夜晚狂歡的次數，能讓你看見更多城市的面貌。我個人認為火力全開的假期享樂主義是浪費時間。在舞池爛醉的夜晚，或許是你平時打發痛苦又無聊的日常生活的消遣，可以暫時逃離現實中遲交的大學作業、爛老闆、媽媽的髖關節替換手術、貓咪的腸胃發炎或陰道炎（好啦，可能只有我）。可是當你在度假，你就是在度假。每天生活起來不應該有太大壓力。你沒有必要逃離度假時的日常生活。但我再重申一次，如果你就是喜歡夜生活，那就盡情享受，不過盡量不要讓它吃掉太多寶貴的白天時間，因為那是你一天當中唯一能真正好好「看見」周遭的時段。

做好逃生計畫是必須的

每次飛機起飛前，機組人員一定會告訴你最近的逃生出口在哪，並要你謹記在心。相同的原則也該應用在你要去的每一個地方：無論去哪，一定要想好該如何逃生。每

走進一間劇院、博物館、藝廊、餐館、酒吧、觀光景點、地鐵、夜店和超市，你都該知道，怎樣才讓自己出去和進來一樣簡單。事前先規劃好，如果碰到緊急情況或安全受到威脅要怎麼應對，怎麼做能實際幫助你減輕焦慮。你要思考的不是「恐怖分子攻擊羅浮宮怎麼辦？」而是「如果恐怖分子攻擊羅浮宮，我要做什麼？」

找出恐懼來源，想想最糟的情況，然後替它做好計畫。這不是要你花上好幾個小時擬定出一套滴水不漏的緊急應變措施，只是你一定要弄清楚逃生出口在哪。此外，如果需要，你要去哪裡求援。記住，一定會有人伸出援手，無論是在急難關頭，或只是幫你指路。911恐攻事件的倖存者表示，當時在雙子星大樓的樓梯間，逃難者對彼此都展現了超乎尋常的耐心和體諒。人類在面臨危機時，往往會比較善待彼此。

以下有幾項通用的基本安全準則，你應該隨時隨地都要遵守：務必事先了解你要去的地方、把行程告訴一名以上親人或朋友，相信自己的直覺（詳見第26頁），身上一定要攜帶當地的貨幣（詳見74頁）。

社交焦慮症的社交

　　表面上來看，我是最不可能被認為有社交恐懼的那種人。與人交談對我而言非常輕鬆，我總是有話可說，而且沒有太多話題禁忌。

　　可是我還是往往寧願待在家，也不想去任何社交場合，無論我有多喜歡人群都一樣。我把參加派對當作一種例行工作，就像吸地板，只是吸地本人不會對我有任何要求，它只會——要我把它吸乾淨。我希望全世界都能像吸塵器一樣對我別無所求。我重視社交互動，可是我喜歡的社交互動是迅速的，而且非強制的。據說性交最理想的時間長度是七至十三分鐘，對我來說，同樣的原則也可應用到社交上。

　　每個人都難免有感到社交焦慮的時候，但旅行時，試著去突破自我很有益處。如果你願意敞開心扉認識新朋友，就可能獲得更多機會，讓你的假期變得更豐富。有個簡單的方法可以幫助你認識新朋友：多在熱門的青年旅館大廳打混。每認識一個新的人，都有助於稍稍減輕你的社交焦慮，並提升你的自信。我的社交焦慮（以及幾乎其他所有焦慮）大多都是因為腦補太多。我並不真的覺得和人交談有什麼困難，困難的是在腦中想像和人交談。

但是我太害羞，不敢在青年旅館大廳混啦！

那不妨試試以下做法：

☕ 在社群媒體上找找看，有沒有朋友或朋友的朋友住在你要去的地方。問他們願不願意出來喝杯咖啡，帶你認識一下環境。這個方法很簡單，無論去哪，都能讓你立刻建立起人脈。而且現在大部分的人在社群媒體上都有既多且廣的人際網絡，讓你一定有辦法在要去的地方找到認識的人。

☕ 不要太堅持逼自己跳脫舒適圈不可。你的假期不需要是一連串永無止境的自我挑戰。先訂些小目標，看自己做得怎樣。我們每天已經要面臨許多束手無策的考驗——氣候變遷、疫情、無良企業、起司通心麵、拐杖糖。在這些情況下，每天能好好下床、甚至偶爾面帶笑容，已經值得嘉獎。你正在旅行，這件事本身就已非常勇敢。

☕ 跟團旅遊。參加旅行團的好處是你會有在地的導遊，並透過他們知道在地人才知道的事。此外，你還會認識許多其他遊客，他們可以給你好的建議，告訴你要去哪裡玩、做什麼，還有要避開什麼。

☕ 此外，還有許多 app 能幫你認識其他遊客，像是僅限女性使用的 Hey! Vina。你也可以看看 Bumble BFF、Tripr 和 Patooku。這些 app 全都僅限用來發展柏拉圖式的關係。

1　原文為 Akubra hats。Akubra 為澳洲的帽子品牌，最知名的是以兔毛製作的牛仔軟帽。

過去兩年的新冠疫情，
讓我們的生活卡在一個介於恐慌與無聊之間的奇怪位置；
高度焦慮與特殊情境造成的冷漠心態相互衝擊。
我們許多人都趁著這段時間反思疫情前的生活，
儘管滿目瘡痍又一片混亂，
起碼還是提供了一定程度的自由。
無論是生理上，或心理上。
然而我們並沒有好好珍惜，
直到它被突然奪走。
疫病在人類史上並不鮮見，
只是對沒經歷過一九一八年西班牙流感的我們來說──
這裡的我們是指「所有人」──相當陌生。

CHAPTER
10

二〇二〇年，當我住的地方開始封城，安心感和撫慰都供不應求，我在腦中找到一個好地方可去：過去旅遊的回憶。旅行能帶你離開日常生活，走進未知。在那裡，你能用別無取代的方式探索你接觸到的人物、地點，還有你自己的另一面。人很容易感到自己的世界狹小又局促，但旅行能提醒你，其實不是這樣，而旅遊的回憶能帶你逃離一成不變的日常生活。

　　有時候，我會想起二〇一四年，當我降落在波隆那，在經過四十八小時的飛行，我覺得自己半死不活，差不多可以躺到停屍間的檯子上。可是我一走出機場，卻奇蹟似地重生，深深察覺這就是義大利的夏天啊！我在一座美麗的古老城市裡，每隔一個街角就有人在賣披薩。我們住了一家平價巴洛克式小飯店，而我在此吃到我這輩子吃過最美味的早餐。包括最好吃的可頌麵包、最鮮美的水果、最好喝的熱巧克力。餐點一點也不華麗或獨特，只是一些細心準備又美味無比的簡單食物，而那是我在波隆那的第一個早晨。有時候，光是這樣就足以留下無法抹滅的記憶。

　　其他時候，我會夢回到北昆士蘭。二〇一一年，我在那裡待了幾個月。我特別喜歡回到努沙國家公園（Noosa National Park）的那段記憶。在那裡，森林與太平洋交會。每天散步時，我會在一個小小的觀景點駐足幾分鐘，吸進大口大口的海洋氣息，看著

陽光點亮海波。那時我正值人生低谷。我是個年輕的單親媽媽，寂寞的要命。但是當我站在那個觀景點，只要短短幾分鐘，我就覺得好像一切都會好起來，而我並不習慣那樣的感受。只要閉上眼，回到那段時光、回到那個一切都充滿希望又純淨美麗的地方，就能暫時脫離二〇二〇年和它帶來的一堆狗屁倒灶。

我常常想起第一次從泰格爾機場搭計程車進柏林，還有進入十字山區時，幾乎伸手就可以觸碰到從那座城市的牆面與馬路散發的巨大創傷歷史。二次世界大戰對我所有親人的生活都有最直接的影響，而置身於起源的中心，我所感受到的衝擊難以言喻。之後，在我們興高采烈地發現在科特布瑟丹的公寓不是間破屋後（早期使用 Airbnb 常會碰到這種情況），我下樓買午餐，立刻在我們公寓對街找到全世界最好吃的土耳其外賣。從那之後，我就把這家餐館當成決定我每次旅遊的標準，而我必須承認，這有時限制了我的旅遊選項。

如果沒有這些經歷，我可以逃去哪裡避難？到郵局掏出身分證領取包裹的回憶？把貓食從溼食換成乾糧後清貓砂的回憶（這個超瘋狂）？還是趕電車上班，並試著不要放響屁的回憶（承認吧，這也很瘋狂）？品嘗日常生活的小樂趣也很重要。就是這些小事讓你撐過每一天。可是，你偶爾還是需要非凡的刺激調劑一下。

關於旅行的好處，有一點比較少被提及，那就是當你的家族起源於別的地方，它能帶領你找到自我歸屬。造訪家族的發源地總會給人深刻的體悟。做為匈牙利移民的小孩，以及俄羅斯／法國移民的孫女，我從來都不特別覺得自己歸屬於這個國家——我在澳洲出生，也從來沒住過其他地方。可是成長期間，我能深切地察覺到，儘管同為白皮膚藍眼睛，但我和其他澳洲小孩並不一樣。我爸爸衣著、講話和行為和其他澳洲爸爸都不同。他是紡織品批發商，喜歡買布料，還有一面抽雪茄一面看澳式足球喝啤酒。

我小時候最喜歡做的事，就是坐在我爸辦公室門外，聽他對著遍布全球的朋友、客戶和親戚說德文、法文、義大利文、匈牙利文。這些我聽都聽不懂的語言洋溢著撫慰的音調與抑揚頓挫，對我那顆憂心忡忡的小腦袋是超有效的安眠大補帖。每天晚上，來自世界各地的人們會暫時占據家裡的一個房間，父親不是和米蘭的法蘭柯談運動衫的價錢，就是和柯隆的赫爾穆特討論新一季的絲織品。每一次旅遊，也總帶給我同樣的驚喜感和連結感。無論是國內或國外，都是去到一個不同的「他方」，而他方總是帶給人無窮無盡的新奇與刺激。

能觀看別人的生活方式，並體驗每一種文化——即便是在自己的國家中——如何

為日常生活增上屬於自己的傳統與活力，並不時創造新風貌，還能奇蹟似地得到成功，這是一項殊榮。一直要等我去了父親和祖父出生長大的地方，我才找到歸屬感，發現原來世界上存在著一片大陸，可以讓我覺得自己不像個在旁窺探的外來者（雖然對其他人來說，我就算看起來不像外國人，聽起來也分明是個外國人），給了我深深的撫慰。此外，這也莫名加深了我對自己實際出生地的羈絆。在那個讓我有家的感覺的遙遠地方，我終於能夠感到自己是個真真切切、獨一無二的澳洲人。

所以，去旅行吧。但不要只是為了戰勝自己的焦慮而去，那是痴人說夢。最有可能發生的是你無法「戰勝」焦慮，因為大部分的慢性病都無法被「戰勝」。但你可以學著控制、與它共處，而且——我保證——你一定可以出門旅行並且活著回來，然後在你接下來的人生中，無論發生什麼事，一定會很開心自己曾冒險犯難，縱身躍入未知。你會得到許許多多的回憶與經驗，隨時拿出來回味，而且就像我們現在都再清楚不過的狀況——當時局艱困，回憶可能成為你的一切。

只要記得避開辣醬就好。

吳娟瑢
Q&A

生活美學作家、「oopsWu」品牌創辦人

三十歲那年得到癌症，同年出版抗癌記錄《30 歲的禮物》，二○一七年創立 oopsWu 品牌。熱愛旅行，走過西班牙與日本的朝聖之路，攀登國內外大山，最近去了喜馬拉雅山，用徒步方式走出自己的路。

妳是時常旅行的人嗎？從前的旅行方式和現在一樣、或有所改變呢？原因是什麼呢？

我很喜歡旅行，真正的旅行是從大學開始，開始打工有了收入，一開始是用打工的收入每年去一個沒去過的地方，二○一六年罹癌，每三個月都要進醫院檢查，於是旅行也跟生命賽跑，變成每看一次醫生就去一個新的地方，直到疫情，不能出國就變成在地旅行，我覺得旅行有很多種方式，對我來說就是每一次都去一個新的地方，或是在舊的地方發現新鮮事，這些旅行的觸動，都讓我更靠近回家的路，也更靠近自己。

在妳的旅行中，去了印度、尼泊爾，除了學瑜珈也有健行活動，甚至是長距離徒步的朝聖之路，為什麼會挑選這樣的旅行方式呢？

　　一開始登山，是因為想要鼓勵粉絲走向戶外，罹癌的時候，我發現人在大自然裡，就不會感受到內心的喧囂，似乎可以感受到平靜，在一次的印度旅行，我開始學瑜珈、頌缽、心理學，好像打開心輪的鑰匙，走入一個內心世界。這一次的印度旅程，也讓我打開心門，旅行不再只是旅行，更像是心靈探索，我也去了西班牙跟日本的朝聖之路，在台灣爬郊山也爬百岳，到後來我去了喜馬拉雅山爬聖母峰基地營，我以為我是這樣的，其實不是，早在我去尼泊爾學頌缽就預訂了登山行程，那是我跟喜馬拉雅山的初次相遇，想不到在那麼早之前，我就有這麼好的遇見，至於為什麼喜歡徒步旅行，我想那是因為這也是一種動態的冥想吧！徒步旅行跟徒步登山都讓我感受到心靈平靜。

妳進行過大大小小各種不同的旅行，有沒有哪一次特別緊張呢？為什麼？在這些旅程中，是否碰過特別危急的狀況？

　　我印象中有兩次特別緊張的經驗，一次是去美國看美網，人到了紐約，行李卻不

見了，從來沒遇過這樣的狀況，所以很慌張的採購所需，也因為在網路上分享我的行李迷航，在紐約的粉絲馬上送來補給品，也陪我一起去採購所需物品。後來的旅行，我總會全身重要家當都帶在身上，以確保行李沒到，我仍可以愜意旅行。

第二次是極光旅行，回程飛機延誤，在冰島的機票不停被延後，接續的班機早就飛走，因為在 OTA 網站購買，只會賠償延誤的班機，後續的班機完全接不上，那天我跟妹妹講了旅途中最多的英文，包括跟 OTA 網站溝通，如何後續訂購機票，還有現場問能不能直接候補機票，最後被迫在丹麥住了一晚，凌晨收到班機確認，搭隔天中午的班機返台，從此以後都會記得買旅遊不便險。

去過那麼多國家、地點，哪一次的旅行影響妳最深？

如果在今年之前問我的話，我會說是印度之旅，那簡直就是開啟了我心靈大門，學習了很多身心靈的課程，學習如何讓自己的心找到平靜，但在今年我剛從喜馬拉雅山回來，十多天的健行，加上成功締造自己的高度紀錄，對我來說是生命的鼓舞，誰能想到歷經化療的癌友，能走到最後？對我來說，這是一個全新超越自己，也超越疾病框架的挑戰。

這次的最新旅程踏上了喜馬拉雅山，
出發之前又做過哪些比較不一樣的準備呢？
心情上有特別需要調適的地方嗎？

我本來是無所畏懼的，對我來說就是出發，走就對了！可在我出發前，好多人都提起了高山症的問題，甚至在健行途中，看著健行夥伴一個一個發生高山症，陸續搭直昇機救援離去，我能做到的就是走好每一步，確認好每個我能做的細節，讓自己吃飽、睡飽有體力，調整自己的步伐跟呼吸，預備好最好的自己，迎接每天的挑戰。

這次喜馬拉雅山健行有發生什麼特別事件？

原本以為到了聖母峰基地營 EBC 會是旅程的高潮，但沒想到最高潮在清晨的 Kala Patthar 登頂，這是此次旅程最嚴峻的一段路，暴風雪加上氣溫低達 -20 度，我在登頂前幾乎走不動了，雪巴嚮導 Angnima Sherpa 拉著我走完最後兩分鐘的路，這麼近卻又這麼難，這是我最感動的最後一哩路，每個成功都不是只有靠自己的努力，還有加上他人的善意，我才得以超越自己。

對於也想到喜馬拉雅山朝聖的旅人，妳會有怎樣的建議呢？

　　我建議先買機票！買了機票，再來規劃旅程，可以先從簡單的開始走起，我第一次到喜馬拉雅山走了最簡單的 Poon Hill，想不到再訪就走了相對難的 EBC 健行路線，這絕對不是最後一次，我還會再來的！對於所有想去的人，我只能說，走就對了，有起心動念就趕緊實踐它。

最後，旅行，帶給妳最大的幫助／好處／優點會是什麼呢？

　　旅行對我來說就是跟自己更親密的相處，平常工作很忙碌，生活總是跟工作分不開也分不清，旅行讓我可以真正的跟自己相處在一起，也可以真正的放鬆，如果是健行那更是沒時間分心，讓我可以專注在當下的每個腳步，專注在自己，朝著目標前進。

致謝

大大感謝哈迪格蘭特出版社（Hardie Grant）夢幻團隊的耐心和支持：感謝發行人梅莉莎・凱瑟（Melissa Kayser）、專案編輯梅根・考斯伯特（Megan Cuthbert）、插畫家和設計師雅斯瑞・希克斯（Astred Hicks）、校對黎瑞克・道森（Lyric Dodson），以及編輯艾利絲・柏克（Alice Barker），因為有他們源源不絕的安慰和鼓勵，我才能跑過終點線。

我還要大力感謝艾蜜莉・史考特、瑪姬・穆瑟、利比・貝威爾和凱西・唐納文的貢獻，也謝謝莉索・陸芙、萊莉莎・杜貝奇和蘿絲・貝賽特的旅遊建議。感謝瑪姬・范德勒（Maggie Vandeleur）的友情支持、克絲汀・W（Kristen W.）的治療，以及湯姆・卡爾雍（Tom Carlyon）的愛以及他完美的秀髮。

索引資料

Australia
- https://www.headtohealth.gov.au/
- https://www.sane.org/
- https://beyondblue.org.au

United Kingdom
- https://www.mind.org.uk/
- https://www.mentalhealth.org.uk/

United States:
- https://www.nimh.nih.gov/
- https://www.cdc.gov/mentalhealth/tools-resources/individuals/index.htm

引用來源

P 26 – Power, Robert A & Steinberg, Stacy + 27 authors, 8 June 2015, 'Polygenic risk scores for schizophrenia and bipolar disorder predict creativity', Nature Neuroscience.

P 36 – 'Growing UP with Anxiety: Lena Dunham and Dr Marie Albano in Conversation with Jenni Konner', YouTube, uploaded Feb 8 2017.

P 78 – NTSB Safety Report March 2001, 'Survivability of Accidents Involving Part 121 U.S Air Carrier Operations 1983 Through 2000'.